*Mathematica*による
金融工学

椎原浩輔 著

東京電機大学出版局

Mathematica および *MathReader* は Wolfram Research, Inc. の登録商標です。
Macintosh は Apple Computer, Inc. の登録商標です。
Windows は Microsoft Corporation の登録商標です。
他のすべての会社名，製品名は，各社の商標または登録商標です。

Ⓡ〈日本複写権センター委託出版物〉
本書の無断複写は，著作権法上での例外を除き，禁じられています。
本書は，日本複写権センター「出版物の複写利用規程」で定める特別許諾を必要とする出版物です。本書を複写される場合は，すでに日本複写権センターと包括契約をされている方も事前に日本複写権センター（03-3401-2382）の許諾を得てください。

はじめに

　本書は，金融工学を学んでみたいという初学者を対象に書かれています．主な読者として，経済学を専攻する学部生，金融に興味のある理科系学部生・大学院生等を想定しています．

　本書を執筆している間にも，金融工学に関する多数の書籍が書店の店頭に並び，デリバティブに対する関心の非常な高まりを感じました．一方で，これらの著書の多くがその冒頭で「難解な数学は省略する・・・」と記しています．

　本書では「計算する」ことに重点を置き，計算する楽しみ・計算による理解の促進を執筆テーマの柱としました．その計算を行うための道具が数式処理ソフトウェアであり，その中で最も普及して使い勝手の良い *Mathematica* を使用しています．

　著者の経験の浅さおよび時間的な制約により，デリバティブのリスク分析，最新のデリバティブ動向など，より高いレベルの内容にまで踏み込めませんでした．また，適切でない表現も多くあるものと思われます．読者賢者には，それらの点についてぜひご指摘いただければ幸いです．

　さて，本書の執筆にあたり，業務時間外の執筆のため予想以上に出版が遅れ，東京電機大学出版局の植村八潮・菊地雅之両氏にはなにかとご面倒をおかけしました．心より感謝申し上げます．

　また，さくら銀行山田誠金融市場部長，定本禎弘商品開発第二グループ長には，さくら銀行でデリバティブ業務に携わる幸運を与えて頂き本書を執筆する途を開いてくださいました．さらに，著者の非才を補うべくご助言・ご指導くださったさくら銀行関係各部の皆様，ホームページの掲載を快諾してくださった各社の皆様，数式処理を学ぶ機会を与えてくださった大学の恩師，特に通貨オプションについて有用なアドバイスをくださったさくら銀行市場営業部入山元英調査役，校正に多大な労をとってくれた市村浩隆氏に対し厚く謝意を申し上げます．

2000 年 5 月

さくら銀行金融市場部
椎原　浩輔

目 次

はじめに	i
第1章　*Mathematica* の使い方	1
1.1　数の演算・グラフの表示	3
1.2　数式の処理	7
1.3　リスト	12
1.4　プログラミング	13
1.5　確率分布	15
第2章　金融工学の基礎 — 金利計算 —	23
2.1　金融工学とは	23
2.2　単利計算	26
2.3　複利計算	27
2.4　連続複利計算	30
2.5　現在価値・将来価値	33
2.6　内部収益率	35
第3章　スワップ取引	37
3.1　スワップ取引とは	37
3.2　フォワード・レート	46
3.3　スワップのプライシング	51
第4章　イールドカーブを作ろう	55
4.1　金利データの入手方法	55
4.2　ディスカウントファクターの算出	59
4.3　ゼロカーブ，フォワードカーブの作成	68
第5章　オプション取引・基礎編	71
5.1　オプション取引とは	71
5.2　リスク中立確率	76
5.3　Cox-Ross-Rubinstein モデル	83
5.4　CRR モデルの拡張	91
第6章　オプション取引・応用編	97
6.1　ブラウン運動	97
6.2　伊藤の公式とギルサノフの定理	100

6.3	プレーンバニラオプション	104
6.4	通貨オプション	107
6.5	デジタルオプション	111
	6.5.1　Cash-or-Nothing	111
	6.5.2　Asset-or-Nothing	113
6.6	オプションの利用法 — 外貨預金への組み込み —	115
	6.6.1　高金利追求型	115
	6.6.2　為替差益追求型	118

付録 A	カレンダー	121
付録 B	CD-ROM の使い方	129
問題の解答		131
関連ホームページ		144
索 引		145

第1章

Mathematicaの使い方

　第1章では，本書を読み進むのに最低限必要な *Mathematica* コマンドとその使い方を学習します．*Mathematica* をすでに使ったことのある方は，次の章に進んで構いません．
　Mathematica を起動するには，*Mathematica* アイコン

をダブルクリックするか，あるいはスタートメニューから Mathematica 4 を選びます．

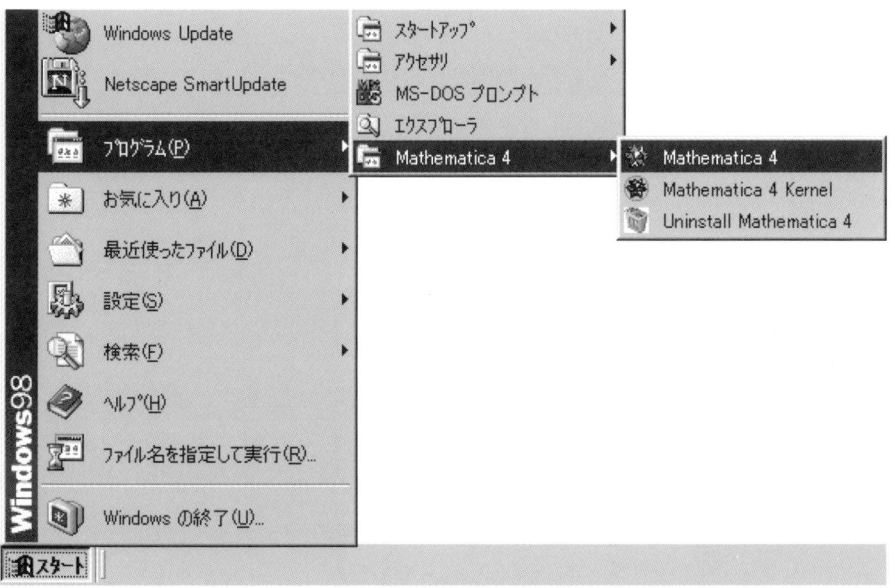

Mathematica が起動すると，次の画面が現れます．上の横長のバーをメニューバー，左の真っ白な画面をノートブック，右の縦長の画面をパレットと呼びます．

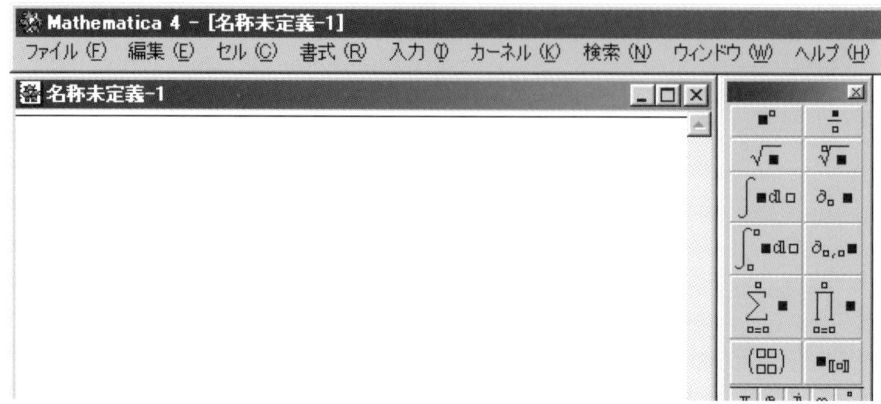

　Mathematica での計算は，ノートブック上に計算式やコマンドを入力し，**Shift** と **Enter** を同時に押すことで実行されます．例えば，3×5 を求めるには次のようにします．

ノートブックに式 3*5 を入力し，つづいて **Shift** と **Enter** を同時に押します．
（注意：**Enter** キーだけを押した場合は改行のみが行われます）．

　1回目の実行時だけ Mathematica の計算エンジン（カーネルと言います）の立ち上げのために，やや時間がかかりますが，上のように答が求まります．以降はこの操作の繰り返しとなります．

1.1 数の演算・グラフの表示

ここでは，Mathematica による数の計算を学習します．Mathematica での数値計算は，日頃使い慣れている数学の表記法がそのまま適用できることと，厳密計算と近似計算（または厳密値と近似値）が厳格に区別されることに特徴があります．

前者については例えば，電卓での計算と Mathematica とで，$2 \times 3 + 4 \times 5 = 26$ の計算の仕方を比較してみると次のようになります．

- 電卓での誤った入力方法

  `2 * 3 + 4 * 5`

- 電卓での正しい入力方法

  `2 * 3 M+ 4 * 5 M+ MR`

- Mathematica での入力方法

  `2 * 3 + 4 * 5`

後者については $1 \div 3$ を電卓と Mathematica で比較してみると

- 電卓での計算

  `1 ÷ 3 → 0.333333`

- Mathematica での計算

  `1/3 → 1/3`

  `1.0/3 → 0.333333`

  `N[ 1/3 ] → 0.333333`

となります．`N[]` は，厳密値を近似値に強制的に変換する Mathematica のコマンドです．

上でも触れましたが，四則演算など初等的な計算に使われる表記法は普段使い慣れているものをそのまま用いることができます．

入力	意味
+	足し算
-	引き算
* または Space	掛け算
/	割り算
^	べき乗
!	階乗
N[expr]	式あるいは厳密値 expr を近似値で表す．
N[expr, n]	式あるいは厳密値 expr を n 桁の近似値で表す．
(,)	かっこ
Out[n]	n 番目の出力

> $3 \times (2+6)$ を計算します.
> In[1]:=　3　(2 + 6)
> Out[1]=　24
>
> *Mathematica* では分数式の計算も厳密に行われます.
> In[2]:=　1/2 + 1/3
> Out[2]=　$\dfrac{5}{6}$
>
> 2^4 を計算します.
> In[3]:=　2^4
> Out[3]=　16
>
> 4 の階乗 4! を計算します.
> In[4]:=　4!
> Out[4]=　24
>
> 2 番目の出力結果を近似値に変換します.
> In[5]:=　N[Out[2]]
> Out[5]=　0.833333

問 1.1.1

次の計算をせよ.

(1) $\dfrac{2+10}{3} - 10$

(2) 2^5

(3) $256^{1/8}$

次に，*Mathematica* で定義されているいくつかの定数，関数をおさえておきましょう．

自然対数の底	E または e (入力方法は (Esc) ee (Esc))
円周率	Pi または π ((Esc) p (Esc))
虚数単位	I または i ((Esc) ii (Esc))
無限大	Infinity, ∞ ((Esc) inf (Esc))
$\sqrt{x}$	Sqrt[x]
$\sin x$	Sin[x]
e^x	Exp[x]
$\log x$	Log[x]

```
複素数の計算を行います．
In[6]:=   (1 + I)^3
Out[6]=   -2 + 2i

π を 30 桁まで求めます．
In[7]:=   N[Pi, 30]
Out[7]=   3.14159265358979323846264338328

e^{πi} を計算します．
In[8]:=   Exp[π I]
Out[8]=   -1
```

問 1.1.2

次の問に答えよ．

(1) e を 10 桁まで近似しなさい．

(2) $(3+4i)^6$ を計算しなさい．

(3) $\dfrac{1}{\sqrt{2}(1-i)^4}$ を計算しなさい．

(4) $\sin \dfrac{\pi}{3}$ を計算しなさい．

(5) 上の例の最後の計算 $e^{\pi i}$ を $e, \pi, i, \verb|^|, (,)$ のみの入力で計算しなさい．

グラフは次のコマンドを用いて描くことができます．

> Plot[*func*, { *var*, *min*, *max* }]　　関数 *func* のグラフを $min \leqq var \leqq max$ の範囲で描画する．

次の例では $\sin x$ のグラフが $-\pi \leqq x \leqq 5\pi$ の範囲で描かれています．

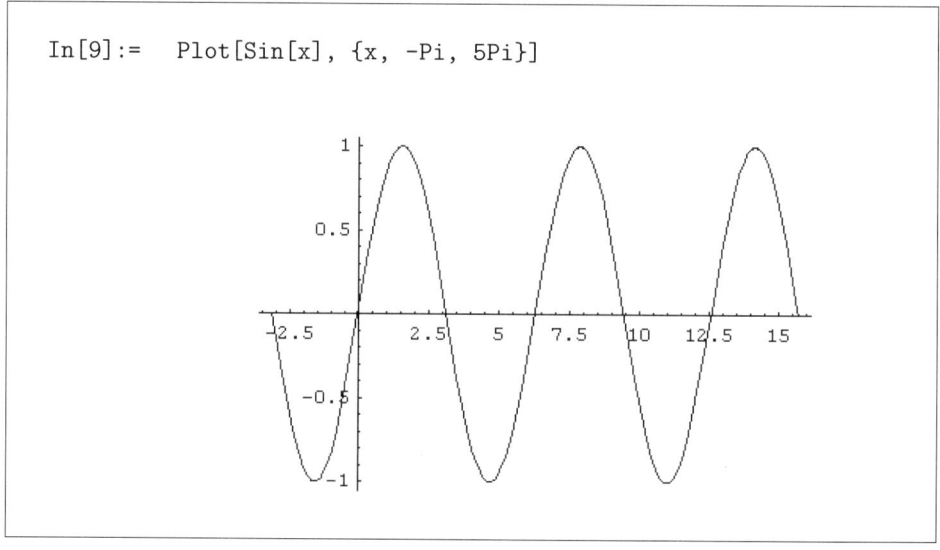

1.2　数式の処理

Mathematica がこれほどまで普及してきたのは，数値計算の行いやすさ，強力なグラフ描画機能など，いろいろな要因が挙げられます．その中でも注目すべきは，ここで紹介する数式の処理（Symbolic Computation）であると言えます．数式処理は，計算機代数 (Computer Algebra) と呼ばれる非常に高度な学問を中心とする数々の研究成果の上に成り立ちます．[1]

数式処理は，1950年後半から1960年にかけて高エネルギー物理学や天文学などで，大規模多項式処理を目的に開発がはじめられました．その後，人工知能のテーマとして不定積分が取り上げられてから，多くの代数的・解析的処理に対し効率的に処理を行うアルゴリズムの開発や *Mathematica* のような汎用的なシステムが開発されてきました．現在では大学 1, 2 年生程度までの計算ならほとんどのものが処理可能となっています．

まず本論に入る前にパレットの使い方を学習しましょう．パレットとは，*Mathematica* Ver3.0 より導入された数式簡易入力画面を指します．

例えば，$\sqrt{2}$ と入力するには，すでに登場したコマンド Sqrt を用いて

```
Sqrt[2]
```

とできますが，これをパレットを使って入力すると次のようになります．

- 2 を入力します．

- 2 をセレクトします（マウスを使ってドラッグする）．

---

[1] 計算機代数の重要な目的の一つは，数々の代数的演算に対して効率的なアルゴリズムを開発することです．現代の計算機代数ではイデアルや環論などの高等代数が研究対象となっており，*Mathematica* でも計算が可能なグレブナー基底 (Gröbner Basis) 算法などを用いて様々なアルゴリズムが開発されています．

- パレット上の $\sqrt{\blacksquare}$ をクリックします．

このパレット入力をマスターすれば，次のようなやや込み入った計算を *Mathematica* コマンドを覚えることなく行えるようになります．

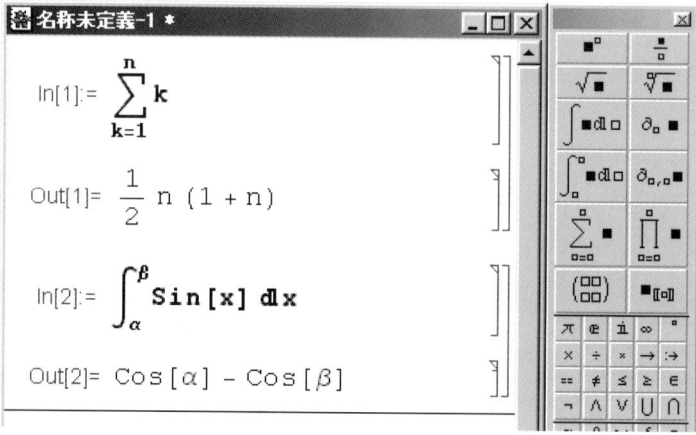

まず，上で触れた総和と微積分を計算するコマンドを学習しましょう．

Sum[a_i, { i, j, n }]	総和 $\sum_{i=j}^{n} a_i$ を表す
D[$f(x), x$]	$\partial f(x)/\partial x$ を表す
Integrate[$f(x), x$]	不定積分 $\int f(x)\,dx$ を表す
Integrate[$f(x)$, { x, x_0, x_1 }]	定積分 $\int_{x_0}^{x_1} f(x)\,dx$ を表す
NIntegrate[$f(x)$, { x, x_0, x_1 }]	定積分 $\int_{x_0}^{x_1} f(x)\,dx$ の近似値を表す
Limit[$f(x), x \to x_0$]	極限 $\lim_{x \to x_0} f(x)$ を表す
Simplify[$expr$]	式 $expr$ を簡単化します

和 $\sum_{i=1}^{n} i^2$ を計算します.
```
In[10]:= Sum[i^2, {i, 1, n}]
Out[10]= 1/6 n (1 + n) (1 + 2n)
```

関数 $\sin x \cdot \cos x$ を変数 x について微分します.
```
In[11]:= D[Sin[x] Cos[x], x]
Out[11]= Cos[x]^2 - Sin[x]^2
```

上の結果を簡単化します.
```
In[12]:= Simplify[%]
Out[12]= Cos[2 x]
```

関数 $\sin x/x$ において $x \to 0$ としたときの極限を求めます.
```
In[13]:= Limit[Sin[x]/x, x -> 0]
Out[13]= 1
```

不定積分 $\int \log x/x \, dx$ を計算します.
```
In[14]:= Integrate[ Log[x]/x, x]
Out[14]= Log[x]^2 / 2
```

問 1.2.1

次の問に答えよ.

(1) 関数 $x^2 \sin x$ を変数 x で微分しなさい.

(2) 極限 $\lim_{n \to \infty} \dfrac{n}{n+1}$ を求めよ.

(3) 不定積分 $\displaystyle\int x \log x \, dx$ を求めよ.

(4) 定積分 $\displaystyle\int_0^{\pi/2} \cos x \, dx$ を計算せよ.

次は，式の展開や因数分解などを計算するコマンドです．これらのコマンドは *Mathematica* では頻繁に使われますので覚えてしまいましょう．

Expand[*expr*]	式 *expr* を展開する．
Factor[*expr*]	式 *expr* を因数分解する．
Collect[*expr*, *var*]	式 *expr* を変数 *var* の項でまとめる．
Together[*expr*]	分数式 *expr* を通分する．

$(x - 2a)^2$ を展開します．
In[15]:= Expand[(x - 2a)^2]
Out[15]= $4a^2 - 4ax + x^2$

展開した式を因数分解によってまとめなおします．
In[16]:= Factor[%]
Out[16]= $(2a - x)^2$

分数式を入力し，Together コマンドで通分します．
In[17]:= 1/(x - 1) + 1/(x + y)
Out[17]= $\dfrac{1}{-1 + x} + \dfrac{1}{x + y}$
In[18]:= Together[%]
Out[18]= $\dfrac{-1 + 2x + y}{(-1 + x)(x + y)}$

次は，方程式を解くコマンドです．

Solve[*eqns*, *vars*]	線形方程式や多項式方程式 *eqns* を変数 *vars* について解く．
Reduce[*eqns*, *vars*]	方程式 *eqns* を変数 *vars* について解く．その際，特殊解を含むすべての解を求める．
NSolve[*eqns*, *vars*]	方程式 *eqns* の変数 *vars* についての数値解を求める．
FindRoot[*eqns*, { *x*, x_0 }]	$x = x_0$ を初期値として反復法により，方程式 *eqns* の解を求める．
expr /. *rules*	式 *expr* に置換規則 *rules* を適用する．
左辺 == 右辺	等号を表す．

方程式 $x^2 + 2x - 7 = 0$ の解を求めます．
```
In[19]:= Solve[x^2 + 2 x - 7 == 0, x]
Out[19]= {{x -> -1 - 2 √2}, {x -> -1 + 2 √2}}
```

上で求めた解 x を $x^2 - x$ に代入した値を求めます．
```
In[20]:= Expand[ x^2 - x /. %]
Out[20]= {10 + 6 √2, 10 - 6 √2}
```

方程式 $ax^2 - b = 0$ のすべての解を求めます．
```
In[21]:= Reduce[a x^2 - b == 0, x]
Out[21]= a == 0  && b == 0 || x == -√b/√a  && a ≠ 0 || x == √b/√a  && a ≠ 0
```

方程式 $\cos x = x$ の，$x = 1$ を反復法初期値とする近似解を求めます．
```
In[22]:= FindRoot[Cos[x] == x, {x, 1}]
Out[22]= {x -> 0.739085}
```

問 1.2.2

次の問に答えよ．

(1) 整式 $(x+y-1)^2$ を展開せよ．

(2) 分数式 $\dfrac{1}{x(x-1)} + \dfrac{1}{(x-1)(x-2)}$ を通分せよ．

(3) 方程式 $x^2 - 5x + 6 = 0$ の解を求めよ．

(4) 関数 $y = e^x, y = x^2$ の交点を，$x = -0.5$ を初期値とする反復式によって求めよ．

1.3 リスト

　Mathematica では，波かっこ {,} で囲まれた数値列，数式列，文字列をリストと呼びます．*Mathematica* では，リストはベクトルや行列などの表現にも用いられ，*Mathematica* のオブジェクトのなかでも最も適用範囲の広いもののうちのひとつとなっています．

Table[*expr*, {*i*, *imax*}]	リスト $\{a_1, a_2, \ldots, a_{imax}\}$ を生成する．
Take[*list*, {*m*, *n*}]	リスト *list* の m 番目の要素から n 番目の要素までを取り出す．
Part[*list*, *n*]	リスト *list* の n 番目の要素を取り出す．
Drop[*list*, {*m*, *n*}]	リスト *list* の m 番目の要素から n 番目の要素までを取り除いたリストを作る．

```
初項 4, 公差 3, 項数 5 の等差数列 a を生成します．
In[23]:=  a = Table[1 + 3n, {n, 5}]
Out[23]=  {4, 7, 10, 13, 16}

2 番目から 4 番目の要素を取り出します．
In[24]:=  Take[a, {2, 4}]
Out[24]=  {7, 10, 13}

3 番目の要素を取り出します．
In[25]:=  Part[a, 3]
Out[25]=  10

2 番目と 3 番目の要素を取り除きます．
In[26]:=  Drop[a, {2, 3}]
Out[26]=  {4, 13, 16}
```

1.4 プログラミング

Mathematica でのプログラミングとは，あらかじめ内部で定義されているコマンドや関数を使って，新たなコマンドや関数を作り出すことを指します．プログラミングの方法には関数型 (functional programming)，ルール型 (rule-based programming)，手続き型 (procedural programming) の3種類があります．これらは呼び方こそ違いますが，次の基本形で書かれる共通点を持ちます．

```
関数名 [変数_] := 本体
```

関数型の代表例は $f(x) = x^2$ のようなタイプの関数で，

```
In[27]:=  f[x_] := x^2
```

と，定義されます．この関数を実際に使うには，次のようにします．

```
In[28]:=  f[3]
Out[28]=  9
In[29]:=  f[(x + y)^2]
Out[29]=  ( x + y )^4
```

ルール型プログラミングは，漸化式タイプの関数定義に適しています．

まず，関数 f を初期化します．Clear コマンドで，既に定義されている値を消去します．

```
In[30]:=  Clear[f]
```

例えば，階乗を求める関数 $f(n) = n!$ は，$f(n) = n \cdot f(n-1)$ かつ $f(0) = 1$ を満たしますから，次のように定義されます．

```
In[31]:=  f[0] = 1;
In[32]:=  f[n_] := n f[n - 1]
```

これを利用して 10! を求めると，

```
In[33]:=  f[10]
Out[33]=  3628800
```

となります．

　最後の手続き型は，複数行にわたってコマンドを記述しなければならない関数定義に使われます．手続き型でのプログラミングは，BASIC や C 言語などでのプログラミングスタイルに非常に似ています．関数は `Module` コマンドを使って次のように書かれます．

```
関数名[変数_]  :=  Module[{局所変数},
                         式 1;
                         式 2;
                         ⋯ ;
                         式 n ]
```

1.5 確率分布

確率計算・統計計算用関数は，アドオンの Statistics パッケージの中で定義されています．これらは，*Mathematica* の起動時には自動的に読み込まれません．したがって，カーネルを起動するたびに Needs コマンドを用いてパッケージをロードする必要があります．確率分布処理用パッケージとして以下の 4 種類が用意されています．これらのうち離散分布パッケージと連続分布パッケージの利用法を順に解説していきます．

Statistics`DiscreteDistributions`	離散分布パッケージ
Statistics`ContinuousDistributions`	連続分布パッケージ
Statistics`MultiDiscreteDistributions`	多変数離散分布パッケージ
Statistics`MultiNormalDistribution`	多変数正規分布パッケージ
Statistics`DataManipulation`	リスト形式データ処理パッケージ

はじめの 4 つの確率分布処理パッケージには，共通の名前で定義された関数がいくつかあります．代表的なものを次表に挙げておきました．

PDF[*dist*, *x*]	点 x での分布 *dist* の確率密度関数 (probability density function)
CDF[*dist*, *x*]	点 x での分布 *dist* の累積分布関数 (cumulative distribution function)
Domain[*dist*]	分布 *dist* の定義域
Mean[*dist*]	分布 *dist* の平均
Variance[*dist*]	分布 *dist* の分散
StandardDeviation[*dist*]	分布 *dist* の標準偏差
Skewness[*dist*]	分布 *dist* の歪み（ひずみ）
Kurtosis[*dist*]	分布 *dist* の尖り（とがり）
CharacteristicFunction[*dist*, *t*]	分布 *dist* の特性関数 $\phi(t)$. 離散分布の場合は $\phi(t) = \sum_x p(x)e^{itx}$ を，連続分布の場合は $\phi(t) = \int p(x)e^{itx}\,dx$ を表す．
ExpectedValue[*f*, *dist*, *x*]	分布 *dist* に従う確率変数 x の関数 $f(x)$ の期待値
Random[*dist*]	分布 *dist* に従う乱数の生成
RandomArray[*dist*, *n*]	分布 *dist* に従う n 次元乱数の生成

離散分布

一変数離散分布パッケージ DiscreteDistributions では次の 8 種類の分布関数が定義されています.

`BernoulliDistribution[p]`	ある事象の起こる確率が p, 起こらない確率が $1-p$ である試行の従う分布. その事象が起こる場合の確率変数のとる値を 1, 起こらない場合の値を 0 とする (ベルヌーイ分布).
`BinomialDistribution[n, p]`	ある事象の起こる確率が p であるような n 回の独立試行において, その事象の起こる回数の従う分布 (二項分布).
`DiscreteUniformDistribution[n]`	n 個の状態 $(1, 2, \ldots, n)$ が等確率で発生するような試行の従う分布 (離散一様分布).
`GeometricDistribution[p]`	ある事象の起こる確率が p であるような独立試行において, その事象が初めて起こるまでの試行回数の従う分布 (幾何分布).
`HypergeometricDistribution[n, ns, nt]`	nt 個のくじ (うち当たりが ns 個) の入っている袋から n 個を引いたときに当たりくじの個数が従う分布 (超幾何分布).
`LogSeriesDistribution[θ]`	パラメータ θ を持つ対数級数分布.
`NegativeBinomialDistribution[n, p]`	ある事象の起こる確率が p であるような独立試行において, その事象が n 回起こるまでに, その事象の起こらない回数の従う分布 (負の二項分布).
`PoissonDistribution[λ]`	パラメータ λ を持つポアソン分布. 二項分布において, $np = \lambda$, $n \to \infty$ とした場合の分布.

パッケージを読み込みます.

```
In[1]:=   Needs["Statistics`DiscreteDistributions`"]
In[2]:=   Needs["Statistics`DataManipulation`"]
```

離散分布モデルとして代表的な二項分布を考えます. 1 回の試行で, ある事象が確率 p で起こり, 確率 $1-p$ で起こらないとき, n 回の試行後にその事象が起こった回数 X の従う分布を二項分布と呼びます. $X = r$ となる確率は $P(r) = {}_nC_r p^r (1-p)^{n-r}$ となりますが, *Mathematica* では次のように計算されます.

```
二項分布を定義します.
In[3]:=   bdist = BinomialDistribution[n,p]
Out[3]=   BinomialDistribution[n, p]
```

確率密度関数を定義します．

```
In[4]:=   prob[r_]:=PDF[ bdist, r ]
In[5]:=   prob[r]
Out[5]=   (1 - p)^(n-r) p^r Binomial[n, r]
```

prob[r] が確率密度関数の基本性質 $\sum_{r=0}^{n} P(r) = 1$ を満たしていることは，次のようにして確かめられます．

```
In[6]:=   Sum[ prob[r], {r, 0, n}] // Simplify // PowerExpand
Out[6]=   1
```

期待値と分散はパッケージで定義されている関数 Mean および Variance を使い，次のように計算されます．

```
In[7]:=   Mean[ bdist ]
Out[7]=   n p
In[8]:=   Variance[ bdist ]
Out[8]=   n (1 - p) p
```

これらは，関係式
$$\begin{cases} 期待値 = E[x] \\ 分散 = E[x^2] - E^2[x] \end{cases}$$
を利用して，次のように求めることもできます．

```
In[9]:=   mu = ExpectedValue[x, bdist, x];
In[10]:=  PowerExpand[ Simplify[%] ]
Out[10]=  n p
In[11]:=  ExpectedValue[x^2, bdist, x] - mu^2;
In[12]:=  PowerExpand[ Simplify[%] ]
Out[12]=  -n (-1 + p) p
```

RandomArray 関数によって任意の確率分布に従う乱数を発生させることができます．たとえば，5 枚の硬貨を同時に投げる実験を 10 回繰り返し，表の出た枚数を数えるとします．表の出る枚数は $n=5, p=1/2$ の二項分布に従い，*Mathematica* では次のように計算されます．

```
In[13]:= bdist2 = BinomialDistribution[ 5, 1/2 ]
Out[13]= BinomialDistribution[ 5, 1/2 ]
In[14]:= RandomArray[ bdist2, 10 ]
Out[14]= {3, 4, 4, 1, 4, 2, 3, 2, 3, 1}
```

1 番目の 3 は最初の実験で表が 3 枚出たことを，2 番目の 4 は 2 回目の実験で表が 4 枚出たことを表しています．次に，この実験を 5000 回繰り返して，表の出た枚数の度数を数えてみましょう．ここで使われている CategoryCounts は，パッケージ Statistics`DataManipulation` で定義されている関数で，実験の結果 trials を度数 freq に変換するために用いています．

```
In[15]:= trials = RandomArray[ bdist2, 5000 ]
Out[15]= {2, 2, 2, ..., 1, 3, 3, 2, 2, 4, 1}
In[16]:= freq = CategoryCounts[ trials, {0,1,2,3,4,5} ]
Out[16]= {152, 729, 1592, 1614, 767, 146}
```

全実験のうち 152 回の実験ではまったく表が出ず，729 回の実験では表が 1 枚，1592 回の実験では表が 2 枚出たことを表しています．これを相対度数に変換し，理論的に導かれる値と比較をしてみると次のようになります．

```
数値実験による相対度数の値は，
In[17]:= freq / 5000.0
Out[17]= {0.0304, 0.1458, 0.3184, 0.3228, 0.1534, 0.0292}

相対度数の理論値は，
In[18]:= Table[ PDF[bdist2, x], {x, 0, 5} ] // N
Out[18]= {0.03125, 0.15625, 0.3125, 0.3125, 0.15625, 0.03125}
```

問 1.5.1

次の問に答えよ．

(1) パラメータ $\lambda = 3$ に従うポアソン分布 pdist を定義し，期待値，分散，確率密度関数，累積分布関数を求めよ．

(2) ある地域で，過去 730 日の間に交通事故が 6 件発生した．以後 1 年間 (365 日) の間に 5 件以上起こる確率を，(1) で求めたポアソン分布の確率密度関数を用いて求めよ．

(3) 上の確率を，(1) で求めた累積分布関数を用いて求めよ．

問 1.5.2

次の問に答えよ．

(1) 袋の中に赤玉が 7 つ，白玉が 4 つ入っている．この中から 5 つの玉を取り出すとき，赤玉の個数が従う分布 gdist を定義せよ．

(2) (1) において赤玉の個数が 3 つとなる確率を求めよ．

(3) 袋の中に赤玉が d 個，白玉が $m-d$ 個入っている．この中から n 個の玉を取り出すとき，赤玉の個数の期待値と分散を求めよ．

連続分布

パッケージ ContinuousDistribution には 21 種類の連続分布が定義されています．この中には正規分布や，それから導かれる χ^2 分布，F 分布，t 分布 あるいは一様分布，ワイブル分布などが含まれています．代表的な分布を表すコマンドを次の表に挙げておきました．

ChiSquareDistribution[n]	自由度 n の χ^2 分布．
FRatioDistribution[n_1, n_2]	自由度 (n_1, n_2) の F 比分布．
NormalDistribution[μ, σ]	平均 μ，標準偏差 σ の正規分布 $N(\mu, \sigma^2)$．
StudentTDistribution[n]	自由度 n の t 分布．
ExponentialDistribution[λ]	パラメータ λ をもつ指数分布．
LogNormalDistribution[μ, σ]	$X \sim N(\mu, \sigma^2)$ のとき，確率変数 e^X の従う分布（対数正規分布）．
UniformDistribution[min, max]	区間 $\{min, max\}$ 上の一様分布

正規分布 $N(\mu t, \sigma^2 t)$ に従う確率変数 X の密度関数 $f(x, t)$ は，偏微分方程式

$$\frac{\partial f}{\partial t} + \mu \frac{\partial f}{\partial x} = \frac{\sigma^2}{2} \frac{\partial^2 f}{\partial x^2} \tag{1.1}$$

の解となっていることが知られています。このことを確かめてみます．

パッケージを読み込みます．

```
In[19]:= Needs["Statistics`ContinuousDistributions`"]
```

まず，正規分布 $N(\mu t, \sigma^2 t)$ を ndist として定義します．

```
In[20]:= ndist = NormalDistribution[ μ t, σ Sqrt[t]];
```

分布 ndist に従う確率変数の密度関数 $f(x, t)$ を定義します．

```
In[21]:=  f = PDF[ndist, x]
```

$$\text{Out[21]} = \frac{1}{\sqrt{2\pi}\sqrt{t}\,\sigma} e^{-\frac{(x - t\mu)^2}{2t\sigma^2}}$$

式 (1.1) の左辺と右辺の差を計算します．

```
In[22]:=  D[f, t] + μ D[f, x] - (σ^2/2) D[f, {x, 2}] // Simplify
Out[22]=  0
```

結果が 0 となり，式 (1.1) が正しいことが示されました．

問 1.5.3

次の問に答えよ．

(1) 確率変数 X が正規分布 $N(\mu, \sigma^2)$ に従うとき，μ を中心とする区間 $\mu \pm \sigma$ に X が含まれる確率を求めよ．

(2) 確率変数 X が，区間 $[\alpha, \beta]$ 上の一様分布に従っているとする．このとき，$E[X]$，$\mathrm{Var}[X]$ をそれぞれ求めよ．

第2章

金融工学の基礎 — 金利計算 —

2.1 金融工学とは

　1990年代後半の金融界における数々のニュース（株価の低迷，異常なまでの超低金利，大手証券会社の経営破綻，大手都市銀行の統合・合併など）は，まだまだ皆さんの記憶にも新しいことでしょう．これらの事象は，金融市場における金融商品の激しい価格変動という形で，我々の日常生活にも影響を及ぼすこととなりました．激しい価格変動から我々の資産を守り，あるいはこれを逆手にとって収益をあげる際に使われたのが，本書のタイトルにも掲げられた「金融工学（フィナンシャル・エンジニアリング）」と呼ばれるテクノロジーです．

　一方では，金融工学のプロフェッショナルやノーベル賞受賞者で構成されドリームチームとまで言われたヘッジファンド LTCM (Long Term Capital Management) など有力ヘッジファンドの破綻や，大手企業によるデリバティブ取引[1]を原因とする巨額損失などにより，金融工学やそれの駆使されることの多いデリバティブ取引が批判の的にされることも珍しくありません．

　しかしながら金融工学は，現代の金融機関が顧客の持つニーズに応えうる多様な商品を提供する上で欠かすことができません．例えば銀行では金融工学を駆使しデリバティブを組み込んだ預金商品やローン商品などを積極的に販売しています．さくら銀行でのデリバティブ取扱高も下表のように年々増加しています．

	1997/3期	1998/3期	1999/3期
金利スワップ	514,322	728,549	850,272
通貨スワップ	54,648	53,974	44,986
先物外国為替取引	209,603	219,479	93,718
金利オプション（買）	32,012	29,571	26,689
通貨オプション（買）	14,334	15,570	4,662
その他金融派生商品	12,898	32,137	66,697
合計	837,819	1,079,192	1,087,025

契約金額・想定元本額（単位：億円）（さくら銀行ディスクロージャー誌より）

---

[1] デリバティブ取引は，「派生商品取引」と訳され，伝統的な金融商品を含む様々な商品から派生して生まれてきた取引を指します．一般に「ある特定商品（原資産，Underlying asset と呼びます）の市場価格またはその指標によって相対的に価値が決定されるような取引」と定義されます．

銀行で取り扱われるデリバティブも，元となる取引が預金やローンから派生した金利デリバティブや外国為替取引から派生した為替（通貨）デリバティブだけでなく，有価証券（株式）取引から派生したエクイティ・デリバティブ，商品取引から派生したコモディティ・デリバティブなど多岐に渡っています．最近では，与信取引や社債から派生したクレジット・デリバティブ，夏の気温が一定以上上がらなかったらいくら支払うといった，平均気温や降雪量などの自然現象にリンクする天候デリバティブなども取引されています．

　では具体的に，金融工学とは何を指すのでしょうか．使う（あるいは研究する）人の立場によって意味合いは異なるでしょうが，銀行の商品開発担当者の立場から言うと，それは「デリバティブ商品の合理的と思われる価格付けの理論」と「デリバティブ取引におけるリスク管理技術」を指します（結果として儲けることができたとしても，決してギャンブルで儲ける理論を指すのではありません）．

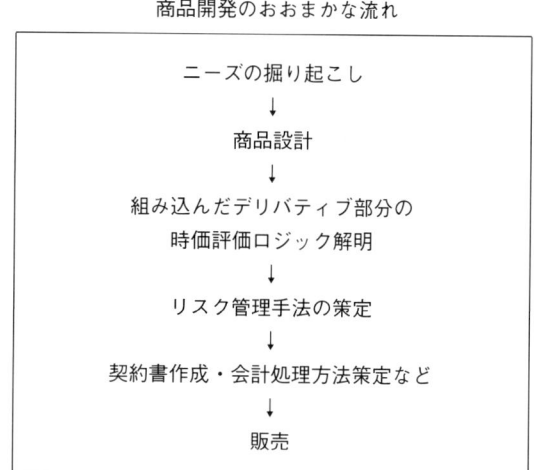

商品開発のおおまかな流れ

　「合理的価格付けの理論」は，金融商品を市場環境に照らして適正な価格で（不当に高く買わされたり，安すぎる価格で売却してしまわないということ）取引するために欠かすことができない技術です．ここで，財務・会計面の視点から見たデリバティブ商品価格付けの必要性についても触れておきましょう．従来デリバティブ取引はオフバランス取引とも呼ばれ（完全には同義ではありませんが），貸借対照表に載せる必要のない取引でした．しかし，1999年1月に出された「企業会計審議会の意見書」により，すべての企業は2000年4月から銀行と同じように時価会計を導入してバランスシートの勘定科目にその時価を載せなければなりません．その意味からも適正な価格を求めることは大変重要なことです．

　「リスク管理技術」とは，将来の市場変動によってデリバティブ取引がどの程度影響を受ける可能性があるのかを把握する技術です．金融機関は市場リスクの感応度を計算し

て時価の変動を管理します．市場リスクとは，価格や金利などの変動によりデリバティブ取引の価値が変動し，損失を被るリスクを指します．

各都市銀行では，市場が大荒れになっても市場取引が原因となって債務超過にならないように，取引全体が 2 週間の間に 1% の確率で起こりうる最大損失額 Value at Risk (VaR) をモンテカルロ・シミュレーションにより算出し，この値が割当資本の特定の範囲内にあるように管理しています．

2.2 単利計算

金利の計算方法には単利と複利による 2 通りの方法があります．単利による金利計算では，元本に対してのみ貸し借りの期間に比例した利息の計算が行われ，利息の再運用は考慮されません．

100 万円の元本を年率 3.0%(利払いは年 1 回) で 2 年間単利運用すると，2 年後の受取額は下の計算により 106 万円となります．

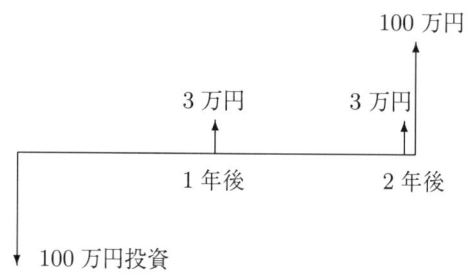

1 年後に発生する利息額は

In[1]:=   cashflow1y = 100 万円 * 3.0 / 100
Out[1]=   3. 万円

2 年後に発生する利息額と元本の返戻額の合計は
In[2]:=   cashflow2y = 100 万円 * 3.0 / 100 + 100 万円
Out[2]=   103. 万円

したがって，2 年後の受取額は
In[3]:=   cashflow1y + cashflow2y
Out[3]=   106. 万円
となる．

2.3 複利計算

複利による計算では，期中に発生する利息を計算し，これを元本に組み入れて，組み入れ後の元本について同じ利率による利息計算が繰り返されます．

100万円の元本を年率3.0%(利払いは年1回)で2年間複利運用すると，2年後の受取額は次の計算により106.09万円となります．

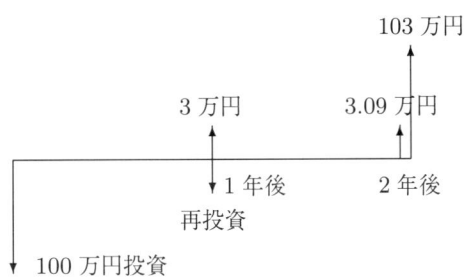

```
1 年後に発生する利息額は
In[4]:=    元本 = 100 万円
Out[4]=    100 万円
In[5]:=    cashflow = 元本 * 3.0 / 100
Out[5]=    3. 万円


1 年後の利息額 3 万円と元本を再運用．
2 年後に発生する利息額と元本の合計額は
In[6]:=    元本 = 元本 + cashflow
Out[6]=    103. 万円
In[7]:=    cashflow = 元本 * 3.0 / 100 + 元本
Out[7]=    106.09 万円
```

次に，年あたりの利払い回数が増えた場合の複利運用を考えてみましょう．

100万円の元本を利率3.0%(利払いは半年ごと)で2年間複利運用する場合，一回あたりの利払い額は年率の半分となり，次の計算によって満期での受取額が求められます．

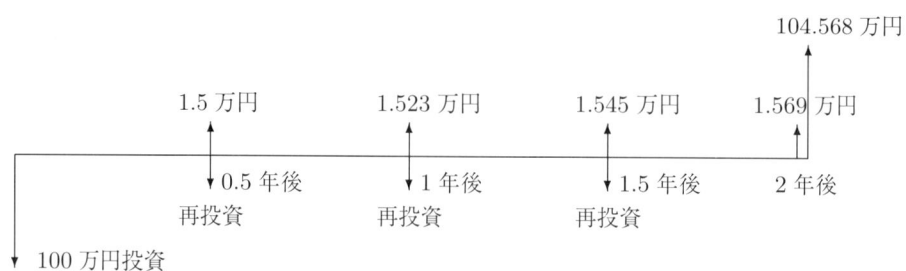

```
半年後に発生する利息額は
In[8]:=    元本 = 100 万円
Out[8]=    100 万円
In[9]:=    cashflow = 元本 * (3.0/100) * (1/2)
Out[9]=    1.5 万円

半年後の利息額 1.5 万円と元本を再運用．1 年後に発生する利息額は
In[10]:=   元本 = 元本 + cashflow
Out[10]=   101.5 万円
In[11]:=   cashflow = 元本 * (3.0/100) * (1/2)
Out[11]=   1.5225 万円

1 年後の利息額 1.5225 万円と元本を再運用．1 年半後に発生する利息額は
In[12]:=   元本 = 元本 + cashflow
Out[12]=   103.023 万円
In[13]:=   cashflow = 元本 * (3.0/100) * (1/2)
Out[13]=   1.54534 万円

1 年半後の利息額 1.54534 万円と元本を再運用．2 年後に発生する利息額と元本の
合計額は
In[14]:=   元本 = 元本 + cashflow
Out[14]=   104.568 万円
In[15]:=   cashflow = 元本 * (3.0/100) * (1/2) + 元本
Out[15]=   106.136 万円
```

次に，利払いが毎日発生すると仮定し2年間複利運用した場合を考えます．一回あたりの利払い額は年率の365分の1となり，次の計算よって受取額が算出されます．

```
1日後に発生する利息額は
In[16]:=  元本 = 100 万円
Out[16]=  100 万円
In[17]:=  cashflow = 元本 * (3.0/100) * (1/365)
Out[17]=  0.00821918 万円

1日後の利息額 0.00821918 万円と元本を再運用．2日後に発生する利息額は
In[18]:=  元本 = 元本 + cashflow
Out[18]=  100.008 万円
In[19]:=  cashflow = 元本 * (3.0/100) * (1/365)
Out[19]=  0.00821985 万円

この操作を繰り返して，2年後の満期での受取額は
In[20]:=  Do[元本 = 元本 + cashflow;
           cashflow = 元本 * (3.0/100) * (1/365), {365*2 - 2}]
In[21]:=  元本 + cashflow
Out[21]=  106.183 万円
```

以上より，「s 万円の元本を年率 r（利払年 n 回）で t 年間複利運用した場合の満期受取額」は，次のように定義されます．

```
定義式
In[22]:=  Compounding[s_, r_, n_, t_] :=
              s * (1 + r * 1/n)^(n*t)
```

例えば，100万円を1日複利，年率3.0% で2年間複利運用した場合の満期での受取額は

```
In[23]:=  Compounding[100, 3.0/100, 365, 2]
Out[23]=  106.183
```

2.4 連続複利計算

さて，現実にはあり得ない話ですが，年あたりの利払い回数が 365 回（すなわち毎日利払いが発生）より多くなったとしたら，複利運用の結果受け取る額はどのように表されるでしょうか．上で定義した `Compounding` を使って計算してみましょう．

---

s 万円の元本を年率 r で t 年間複利運用（ただし，利払い回数 n を $n \to \infty$ とする．）

```
In[24]:= Limit[ Compounding[s,r,n,t], n -> ∞ ]
Out[24]= e^(r t) s
```

このように指数関数を使って表すことができます．利払い回数を無限大[2]とした極限は **連続複利** (continuous compounding) による複利計算と呼ばれますが，指数関数の導入による微積分操作の容易性から，金融工学ではこの連続複利が多く使われます．このような非現実的な複利計算を行って問題がないのだろうかと，思っている読者も多いのではないでしょうか．実は次の例で示されるように，実用上はほとんど問題がありません．

---

100 万円を t 年間，年率 3.0% の連続複利で運用した場合の価値 `contcomp` は

```
In[25]:= contcomp = Limit[ Compounding[100,3.0/100,n,t],
                           n -> ∞ ]
                0.03 t
Out[25]= 100 E
```

100 万円を t 年間，年率 3.0% の 1 日複利で運用した場合の価値 `dailycomp` は

```
In[26]:= dailycomp = Compounding[100,3.0/100,365,t]
                365 t
Out[26]= 100 1.00008
```

---

[2] *Mathematica* Notebook では ESC inf ESC あるいは `Infinity` と入力します．

100万円の連続複利による運用と1日複利による運用との差をグラフに描いてみます．

```
In[27]:=  Plot[ contcomp - dailycomp, {t,0,5},
              PlotRange->{0,0.01}]
```

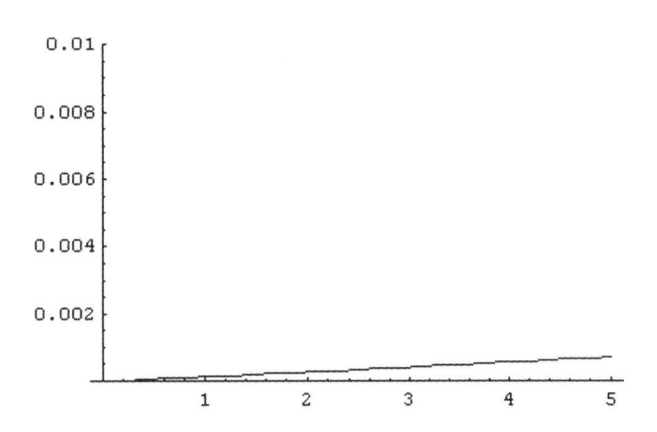

(グラフ)

```
Out[27]=  - Graphics -
```

ほとんど同じであることがわかります．実際，5年後には7円程度しか差がつきません．

```
In[28]:=  contcomp - dailycomp /. t->5
Out[28]=  0.000716158
```

本書では，次の表記によって年あたりの利払い回数を表すことにします．

表記		利払い回数
P.A.	(Annually)	年1回
S.A.	(Semiannually)	半年ごと
Q.A.	(Quarterly)	四半期ごと
M.A.	(Monthly)	1ヶ月ごと
W.A.	(Weekly)	1週ごと

問 2.4.1

(1) 100 万円の元本を年率 2.5%(P.A.) で 2 年間複利運用した場合と，100 万円の元本を年率 r (Q.A.) で 2 年間複利運用した場合の，満期での受取額が同じになるためには r をいくらにすれば良いか．

(2) 100 万円の元本を利率 2.5%(P.A.) で 2 年間複利運用した場合と，100 万円の元本を連続複利 r で 2 年間複利運用した場合の，満期での受取額が同じになるためには r をいくらにすれば良いか．

年率 r_1 （利払い回数 m_1 回）から年率 r_2 （利払い回数 m_2 回）への変換は次式で行われます．

$$r_2 = m_2 \left\{ \left(1 + \frac{r_1}{m_1}\right)^{m_1/m_2} - 1 \right\}$$

Mathematica では次のようにして導出されます．元本を s，満期までの期間を t とおきました．次の計算から分かるように，これらは途中で相殺されます．

```
In[29]:= eqn =
         Compounding[s, r1, m1, t] == Compounding[s, r2, m2, t]

Out[29]= (1 + r1/m1)^(m1 t) s == (1 + r2/m2)^(m2 t) s

In[30]:= r2 /. Solve[eqn, r2, InverseFunctions->True]

Out[30]= {r2 -> (-m2 + m2 ((1 + r1/m1)^(m1 t))^(1/(m2 t)))}

In[31]:= %[[1]]  // PowerExpand // Factor

Out[31]= m2 (-1 + (1 + r1/m1)^(m1/m2))
```

2.5 現在価値・将来価値

　金融工学で取り扱われる株式や債券などの投資証券は，将来のある時点においてキャッシュフローを生みます．たとえば，株式であれば半年ごとあるいは1年ごとに支払われる配当，債券であれば利払い日に生じるクーポンや満期に受け取る元本などです．発生する時点の異なるキャッシュフローを単純に比較することはできません．

　なぜならば，今もらえる100万円と1年後にもらえる100万円では，100万円を1年間預金で運用すれば1年後には必ず利息分が上乗せされるので，今もらえる100万円のほうが価値があるからです．

　年率を3.0% (P.A.)とすると，100万円の1年後の価値は，

```
In[32]:=  100 (1+0.03)
Out[32]=  103.
```

となり，103万円の価値を持ちます．この103万円を100万円の**将来価値** (future value)と呼びます．逆に1年後の100万円は今いくらに相当するかを計算してみると，

```
In[33]:=  Solve[ x (1+0.03) == 100, x]
Out[33]=  {{ x -> 97.0874 }}
```

となるので，97.1万円の価値を持つことがわかります（今97.1万円を運用すれば1年後には100万円になるということです）．このときの97.1万円を100万円の**現在価値** (present value あるいは PV) と呼びます．

将来の価値100万円を現在価値97.1万円に引き直す作業 ($97.1 = 100 \times 1/(1+0.03)$) を**割引く** (discount) といい，割引に用いる金利を**割引率** (discount rate)，どの程度割引くかを表す数値 $1/(1+0.03)$ を**割引係数** (discount factor あるいは DF) と呼びます．すなわち，割引くとは将来のキャッシュフローに割引係数をかけることにほかなりません．上の例では，「1年後の100万円を年率3.0%で割引いたときの現在価値は97.1万円である」となります．このように，金利は現在と将来を結ぶ重要な役割を担っています．

一般に，n年後に発生するキャッシュフロー C の割引率 r (P.A.) による現在価値は

$$\mathrm{PV} = \frac{C}{(1+r)^n}$$

で与えられます．これは上と同じように，今いくらの投資をすれば将来のキャッシュフローに等しくなるかを考えれば求めることができます．

```
In[34]:=  Solve[ PV (1 + r)^n == C, PV ]
Out[34]=  {{PV ->    C    }}
                 --------
                 (1 + r)^n
```

債券には期中にクーポン支払いの発生する**利付債**と，クーポン支払いの発生しない**割引債** (zero bond) があります．上で定義した割引率は，期初の投資時点と満期時点でのキャッシュフローのみで求められるので，割引債の利回りと同じものとなり**ゼロレート** (zero rate) とも呼ばれます．このゼロレートをすべての期間でつなぎ合わせたものをゼロカーブと言いますが，すべての期間のゼロレートが市場で提示されているわけではありません．したがって他の金融商品の金利などから合理的なゼロレートを求める必要があります．これについては第4章で詳しく述べることにします．

=== **問 2.5.1** ===

次のそれぞれの場合における割引係数（ディスカウントファクター）を求めよ．

(1) 割引率が年率 3.5% (P.A.)，期間 1 年．

(2) 割引率が年率 3.5% (S.A.)，期間 1 年．

(3) 割引率が年率 3.5% (P.A.)，期間 2 年．

(4) 割引率が年率 3.5% (S.A.)，期間 2 年．

(5) 割引率が年率 3.5% (Q.A.)，期間 3 ヶ月．

(6) 割引率が年率 3.5% (連続複利)，期間 1 年．

2.6 内部収益率

100 万円の資金で,「1 年後, 2 年後, 3 年後にそれぞれ 2 万円, 3 万円, 4 万円のクーポン支払がある満期 3 年」の債券を購入できたとしましょう. 図で表すと

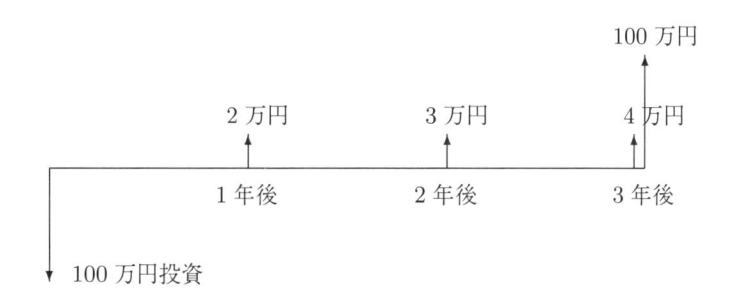

この債券は年率でいくらの投資になっているでしょうか. 割引率を r (P.A.) として, それぞれのキャッシュフローを現在価値に引き直すと下表のようになります.

	キャッシュフロー（万円）	PV（万円）
1 年後	2	$\dfrac{2}{1+r}$
2 年後	3	$\dfrac{3}{(1+r)^2}$
3 年後	104	$\dfrac{104}{(1+r)^3}$

この合計が 100 万円に等しくなるはずですから,

$$100 = \frac{2}{1+r} + \frac{3}{(1+r)^2} + \frac{104}{(1+r)^3}$$

が成り立ちます. これを解いて

```
In[35]:=  eqn = 100 == 2/(1+r) + 3/(1+r)^2 + 104/(1+r)^3
Out[35]=  100 = 104/(1+r)^3 + 3/(1+r)^2 + 2/(1+r)
In[36]:=  FindRoot[ eqn, {r, 1} ]
Out[36]=  {r -> 0.0298042}
```

したがって，年率約 2.98% (P.A.) の投資となっていることがわかります．この例のような，将来のキャッシュフローの総額が当初の投資金額と等しくなる割引率のことを **内部収益率** (IRR, internal rate of return) あるいは **利付債投資利回り** (YTM, yield to maturity) と呼びます．IRR の計算では金利が期間によらず一定という大きな仮定が用いられているのですが，計算が簡便なことから広く使われています．

一般に金利は期間によらず一定ということはなく，長期金利が短期金利を上回っています（**順イールド**）．しかし，まれに長期金利と短期金利の大小関係が逆転することがあります（**逆イールド**）．金利が期間によって異なる現象を **金利の期間構造** と呼びます．

逆イールドは，市場参加者の思惑が金利先安に傾いた場合に現れます．いま仮に一日物金利が年率 1.00%，3ヶ月物金利が 0.75% であったとし調達のケースを考えます．一見すると 3ヶ月物調達のほうが割安に感じられますが，目先の金利引下げなど市場環境に大きな変化が見込まれるとすれば，一日物を日々つないで調達したほうが結果的には割安になるはずで，3ヶ月物調達を抑え，短めの資金調達に傾斜する場合（ショート・ファンディング）が出てきます．こうしたケースでは，一日物の調達圧力が増すことから短めの金利が上昇しやすくなり，逆イールド状態がさらに顕著になる場合があります．

問 2.6.1

2 年後に満期の来る額面 100 万円の債券を 92 万円で購入した．クーポン支払いが利率 3%（年 1 回）のとき，内部収益率はいくらになるか．

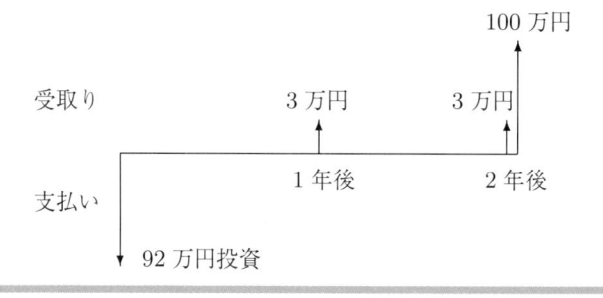

第3章
スワップ取引

デリバティブ取引は「ある取引（原資産取引）から派生してできる取引」と定義されます．前章では，その原資産（派生のもととなる取引）に様々な種類があることに触れました．これらデリバティブ取引には主に3つの基本的な契約形態があります．

(1) 将来の売買を前もって予約する取引である先物取引（フューチャー）あるいは先渡取引（フォワード）
(2) 将来のキャッシュフローを交換するスワップ取引
(3) 原資産を購入あるいは売却する権利を売買するオプション取引

これらデリバティブ取引の中で取引量の多い，上記 (2) のスワップ取引について本章で解説します．(3) のオプション取引については第5章で解説します．

3.1 スワップ取引とは

銀行からお金を借りたとしましょう．これは当初，銀行からお金を借りて，借入期間中金利を支払い，満期に借りたお金の元本を返済する取引で，ローン (loan) と呼ばれています．ここで，ローンは借入期間が2年や3年など長期間に及ぶもの，金利は半年ごとや1年ごとなどに分けて支払われるものを想定しています．

例えば，銀行から100万円を固定金利3%（半年ごと支払い）で2年間借入れた場合の，お金の流れ（キャッシュフロー）は次のようになります．

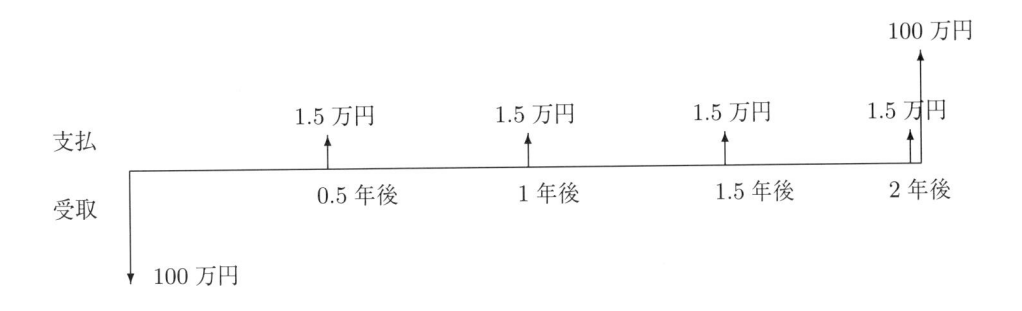

この例では，金利は借入期間中利率が一定の固定金利です．皆さんもご存知のように金利には固定のものばかりでなく，市場実勢に応じて随時見直しの行われる変動金利があります．変動金利の一部を次表にあげておきました．

CD レート	大口資金を対象とした，譲渡可能定期預金 (Negotiable Certificate of Deposit, NCD) に付される金利で，発行金融機関と投資家の相対交渉で決められます．
短期プライムレート	金融機関が企業へ貸付する際の最優遇貸出金利を指します．通常，「短プラ」と略して呼ばれます．
LIBOR	ロンドンの短期金融市場で，銀行が短期資金を調達する場合に適用される指標金利を指します．英国銀行協会 (BBA) の指定する金融機関（レファレンス・バンク）16 行が，ロンドン時間午前 11 時現在のレートとして提示したものから，上下 4 行を取り除いた 8 行の提示するレートの単純平均値で表されます．LIBOR は London InterBank Offered Rate の略で，ライボーと発音されます．金利は，計算期間が 1 年を 360 日，期間日数を実日数とする "実日数/360 日"[1]によって表示されます．
TIBOR	東京短期金融市場における銀行間取引で，資金の出し手銀行が示す指標金利（日本円 TIBOR，ユーロ円 TIBOR，ユーロドル TIBOR）を指します．日本円 TIBOR は無担保コールの市場実勢を反映したものとなっており，金利は，計算期間が 1 年を 365 日，期間日数を実日数とする "実日数/365 日"[2]によって表示されます．ユーロ円 TIBOR は本邦オフショア市場の実勢を反映したもので，金利はマネーベーシスによって表示されます．これらは，東京時間午前 11 時に，全国銀行協会連合会（全銀協）の指定する金融機関 18 行が提示したものから，上下 2 行を取り除いた 14 行の提示するレートの単純平均値で表され，企業向けの融資や変動型住宅ローンの指標金利とされます．TIBOR は Tokyo InterBank Offered Rate の略で，タイボーと発音されます．

これから説明するスワップ取引においては，変動金利というと特に断りのない限り LIBOR を指します．ロンドンで決定される金利が日本国内の取引にまで適用される理由は，ロンドン市場が国際金融市場としてユーロ市場の中心地となっていて，ここで決まる短期金利が市場参加者の需給を反映する信頼性の高い金利とされているからです．（上で用いたユーロ市場とは，欧州統一通貨ユーロの取引される市場を指すのではありません．自国以外の地域で取引される自国通貨（ユーロ・カレンシーと呼ばれます）が取引される市場を指します．最近では，通貨との混同を避けるため，非居住者間取引市場などと言われることがあります．ユーロというのは，1950 年代初めに旧ソ連中央銀行ゴスバンクがアメリカによる資産凍結を恐れて，ヨーロッパの銀行にドル預金をドルのまま移したことに由来しています．）

LIBOR 等，変動金利の実勢は情報ベンダー各社や経済新聞等を通じて知ることができます（次表参照）．

---

[1] マネーベーシス (Money basis) と呼ばれ，Actual/360 あるいは A/360 (エー・オーバー・サンロクマルと読む) などと略されます．
[2] ボンドベーシス (Bond basis) と呼ばれ，Actual/365 あるいは A/365 (エー・オーバー・サンロクゴと読む) などと略されます．

	USD	GBP	DEM	CHF	JPY	EUR
1 week	5.84172	6.07219	3.35250	2.04167	0.08500	3.35250
1 month	5.88000	6.12375	3.44000	2.17833	0.09250	3.44000
2 month	6.00000	6.17078	3.54000	2.29833	0.11625	3.54000
3 month	6.11000	6.23375	3.62375	2.38000	0.12375	3.62375
4 month	6.18125	6.29659	3.68000	2.44833	0.13000	3.68000
5 month	6.27375	6.36563	3.75750	2.51667	0.13750	3.75750
6 month	6.35250	6.41656	3.81750	2.60000	0.14375	3.81750

2000年2月22日（火）のLIBOR（%）

細かいことですが，取引に用いられるLIBORは2営業日前に決定されるLIBORとするルールがあります．例えば，上で示された2月22日発表のレートは2営業日後の2月24日（木）に始まる取引に用いられます．

上の表を用いて簡単な計算をしてみましょう．2月24日に，1億円を6ヶ月間（2/24から8/24までの182日間）ユーロ市場から調達する取引をした場合，6ヶ月後の満期に支払う利息分は，次のように計算されます．

```
In[1]:=    100000000 * 0.14375/100 * 182/360
Out[1]=    72673.6
```

したがって，利息は72673円となります．

問 3.1.1

以下の問に答えよ．((2), (3) については，前ページの表を利用して求めよ．)

(1) 2000年2月24日（木），25日（金）に決定された3ヶ月円LIBORはそれぞれ0.12500%，0.13250%であった．2000年2月28日（月）に始まる取引で適用されるのはどちらの金利か．

(2) 2月24日に，100万ドルを6ヶ月間（2/24から8/24までの182日間）ユーロ市場から調達する取引をした．6ヶ月後の満期に支払う利息を求めよ．

(3) 2月24日に，1億円を3ヶ月間（2/24から5/24までの90日間）ユーロ市場で運用する取引をした．3ヶ月後の満期に受取る利息を求めよ．

変動金利の話が長くなりました．話題をローンに戻しましょう．ある企業Aが変動金利（LIBOR）でローンを組んだとします．このときのお金の流れは次のようになります．

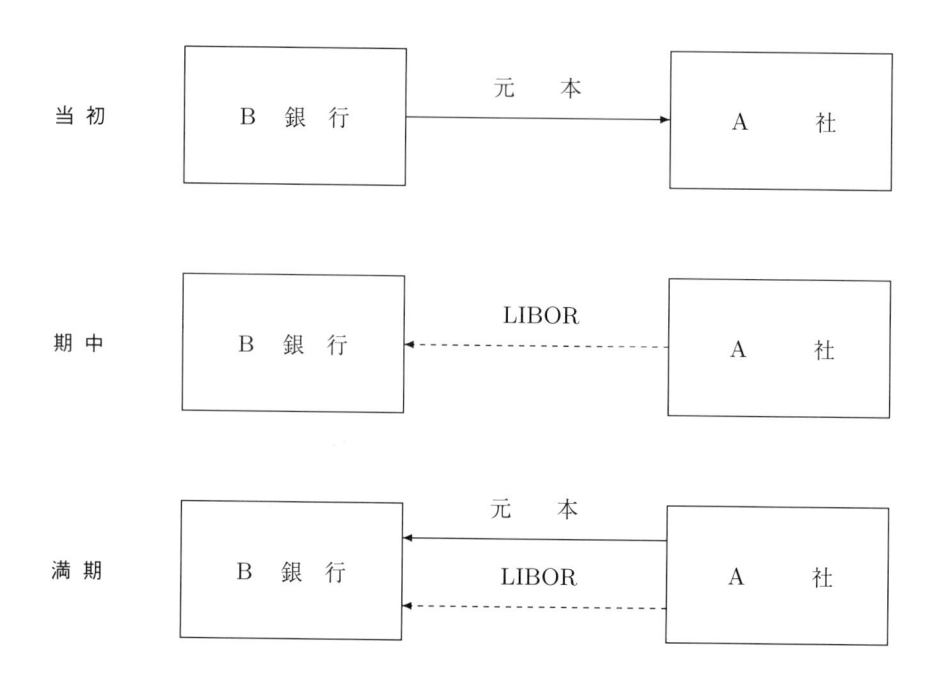

```
当初     B 銀 行  ──元　本──→  A　社

期中     B 銀 行  ←--LIBOR---   A　社

満期     B 銀 行  ←──元　本──   A　社
                 ←--LIBOR---
```

　企業Aは，期中に変動金利による支払をしなければなりませんから，金利が下落すると支払利息額が減少するメリットを持っています．しかし，金利上昇局面では支払額が多くなるというリスクを背負っています．当初から金利を固定金利としておけば，このような金利変動リスクはなくなりますが，固定金利でのローン金利は実勢レートよりかなり高めに設定されるのが通常ですから，余計な金利を支払う可能性も十分あるわけです．したがって，借入期間の途中で金利が上昇しそうだと感じたとき，「変動金利から固定金利に変換できる取引」があればA社にとっては非常に都合のよいことになります．

　このときA社は，「C銀行から，ローン契約当初と同額の元本の固定金利での借入れ」と「それと同額のD銀行での変動金利（LIBOR）による運用」の組み合わせによって，B銀行からの変動金利（LIBOR）での借入を固定化することができます．このことを順を追って説明します．A社の借入と運用をそれぞれ図示すると，以下のように表されます．

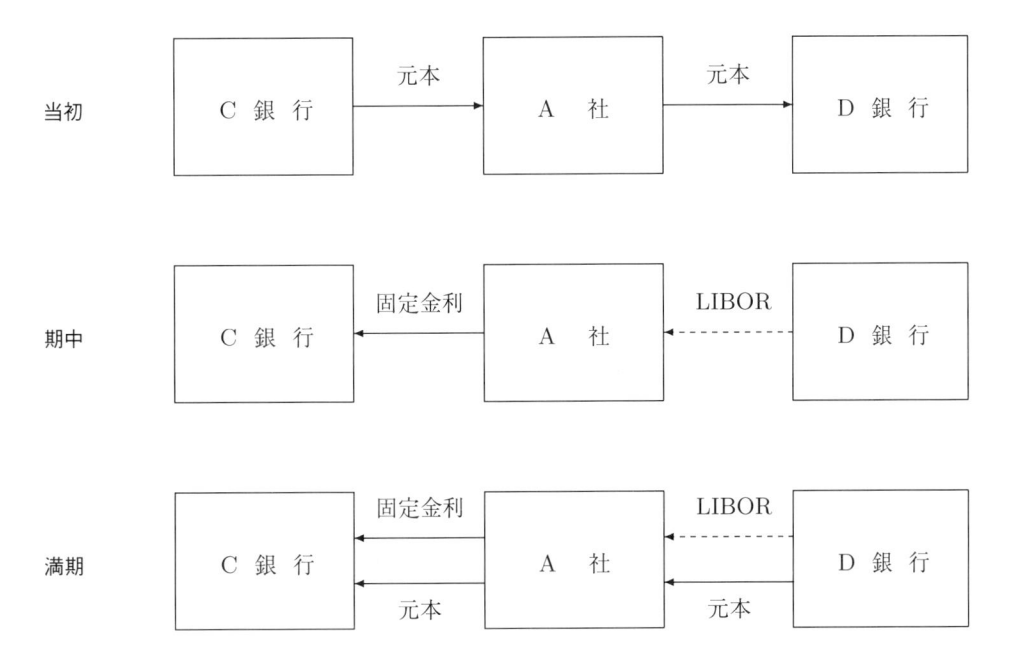

```
当初     C 銀 行  ──元本──▶  A 社  ──元本──▶  D 銀 行

期中     C 銀 行  ◀─固定金利─  A 社  ◀╌LIBOR╌   D 銀 行

満期     C 銀 行  ◀─固定金利─  A 社  ◀╌LIBOR╌   D 銀 行
         ◀──元本──           ◀──元本──
```

上の2つの取引において，元本交換部分を調達と運用で相殺すれば，金利の受払いの部分のみが実質的な交換部分となります（次図）．

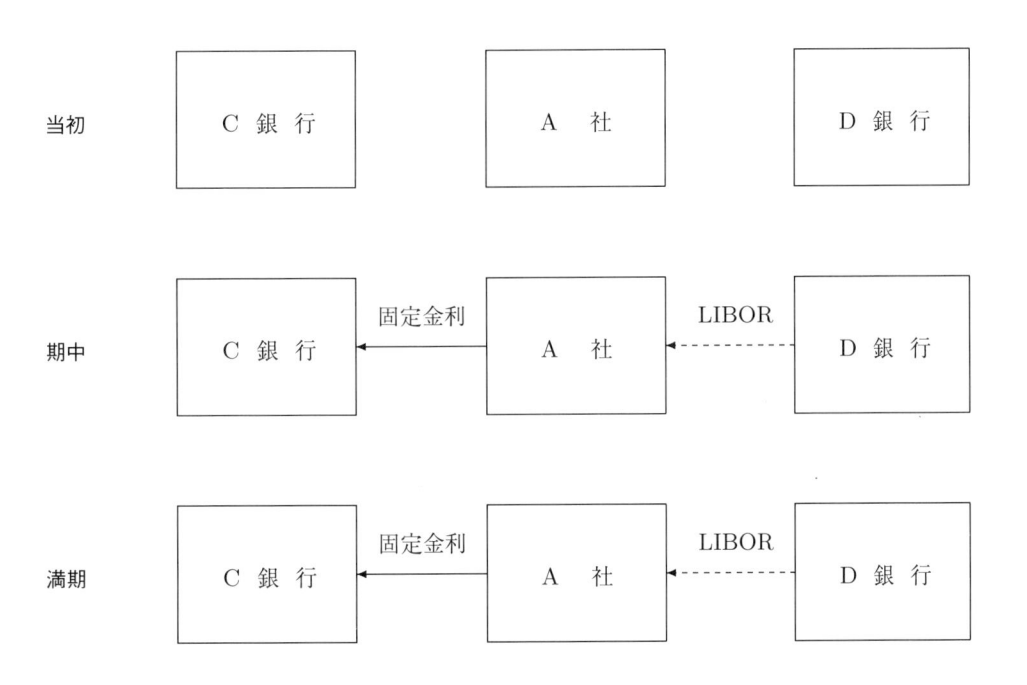

```
当初     C 銀 行              A 社              D 銀 行

期中     C 銀 行  ◀─固定金利─  A 社  ◀╌LIBOR╌   D 銀 行

満期     C 銀 行  ◀─固定金利─  A 社  ◀╌LIBOR╌   D 銀 行
```

3.1 スワップ取引とは | 41

C銀行とD銀行が同一であれば，下図のようにまとめて書くことができます．

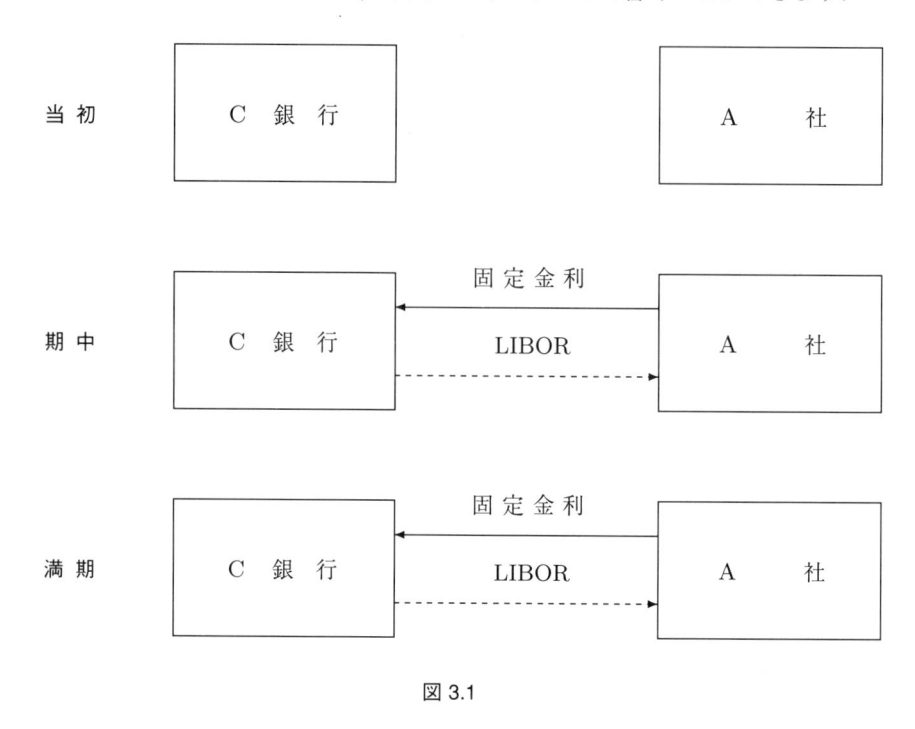

```
当初    [ C 銀 行 ]                              [ A 社 ]

                        固定金利
期中    [ C 銀 行 ] ←─────────────── [ A 社 ]
                        LIBOR
               ─ ─ ─ ─ ─ ─ ─ ─ ─ ─→

                        固定金利
満期    [ C 銀 行 ] ←─────────────── [ A 社 ]
                        LIBOR
               ─ ─ ─ ─ ─ ─ ─ ─ ─ ─→
```

図3.1

これを，先ほどのローンと組み合わせると，期中および満期の金利分の流れは次の図のように表すことができます．A社から見れば，変動金利 (LIBOR) の部分は互いに相殺されるので，A社は固定金利での借入を行っているのと同等の取引を行っていることとなります．

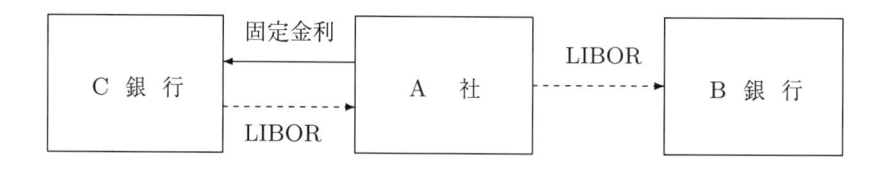

```
              固定金利                    LIBOR
[ C 銀 行 ] ←─────── [ A 社 ] ─ ─ ─ ─ →  [ B 銀 行 ]
       ─ ─ ─ ─ ─ →
              LIBOR
```

ここで注目してほしいのは，A社の変動金利による借入を固定金利による借入に変換する，図3.1の取引です．この取引は，調達や運用における取引から元本交換を取り除き，金利部分の交換という一部の経済効果を取り出したものになっています．このことから，この取引を**金利スワップ** (Interest Rate Swap, IRS) と呼びます．金利スワップには，上のような固定金利と変動金利 LIBOR との交換だけでなく，固定金利と短プラ，LIBORとTIBOR のような変動金利同士の交換など様々な形態の取引が考えられます．

また，交換する金利が円固定金利とドル LIBOR のように同一通貨でない場合の取引を**通貨スワップ** (Currency Swap) と呼びます．

本章では，円固定金利と 6 ヶ月円 LIBOR の交換を行うプレーン[3]な金利スワップのみを考えることにします．前ページで述べた金利スワップ取引をきちんと定義すると，「**同一通貨間における，現在価値の等しい異種金利の債務交換**」となります．

問 3.1.2

次のそれぞれの取引は，金利スワップ取引と通貨スワップ取引のどちらに分類されるか．

(1) 円 LIBOR と短期プライムレートの交換

(2) ドル LIBOR とポンド LIBOR の交換

(3) 円 LIBOR と円 TIBOR

(4) ドル LIBOR と円金利 2% (P.A.)

金利スワップ取引の定義と概要については，これまでの話である程度は理解できたと思います．次に，実際のマーケットでの取引に基づき，スワップ取引を詳しく見ていくことにします．まず，金利スワップ取引を理解するのに欠かすことのできない専門用語をいくつか覚えましょう．

想定元本	スワップ取引では，元本交換が省略されることは既に述べました．しかし，金利交換を行うには支払（あるいは受取）利息算出のための元本が必要です．このとき，計算に使われる元本額を**想定元本** (Notional Amount) と呼びます．
スワップレート	金利スワップ取引における固定金利．取引時点での市場実勢に合わせて時々刻々と変化します．マーケットでは通常 "A/365 S.A. against 6 month JPY LIBOR" と，6 ヶ月 LIBOR に対する利払周期半年のボンドベーシスで表示されます．
受（レシーブ）	固定金利を受け，変動金利を払うこと．図 3.1 でレシーブしているのは C 銀行．金利低下局面では実勢より多くの金利収入を得られるので益が出るが，金利上昇局面では金利の支払い分が多くなるので損失が発生．
払（ペイ）	変動金利を受け，固定金利を払うこと．図 3.1 でペイしているのは A 社．損益と金利変動の関係はレシーブの逆．
カウンターパーティー	取引の相手方．C/P と略すことが多い．図 3.1 で A 社のカウンターパーティーは C 銀行．逆に，C 銀行のカウンターパーティーは A 社．

「1 年物スワップを（スワップレート）0.42 ％でレシーブした」とは，取引した時点から 1 年間にわたり，6 ヶ月ごとに円固定金利 0.42% を受け取り，変動金利 6 ヶ月円 LIBOR を支払う取引を行ったことを意味します．金利は既に見たように，各計算期間が始まる 2 営業日前に決定されます．6 ヶ月ごとに発生するキャッシュフローの受渡しは，各計算期間の最終日に行われます．

---
[3] 金利計算に必要な元本額が満期まで変わらない最もベーシックなスワップ取引という意味．プレーン・バニラ (plain vanilla) とも呼ばれます．

たとえば，想定元本を1億円，最初の6ヶ月間を182日，次の6ヶ月間を185日，取引時点での6ヶ月円LIBORを0.15%と仮定すると，この取引は次図のように表すことができます．（固定サイドの日割計算がボンドベーシス(A/365)，変動サイドの日割計算がマネーベーシス(A/360)となることに注意してください．）

$$1\text{億円} \times \frac{0.42}{100} \times \frac{182}{365} \qquad 1\text{億円} \times \frac{0.42}{100} \times \frac{185}{365}$$

受取

↑6ヶ月後 ↑1年後

支払

$$1\text{億円} \times \frac{0.15}{100} \times \frac{182}{360} \qquad 1\text{億円} \times 6\text{ヶ月後に決まる 6M LIBOR} \times \frac{185}{360}$$

図 3.2　1年物スワップの例

問 3.1.3

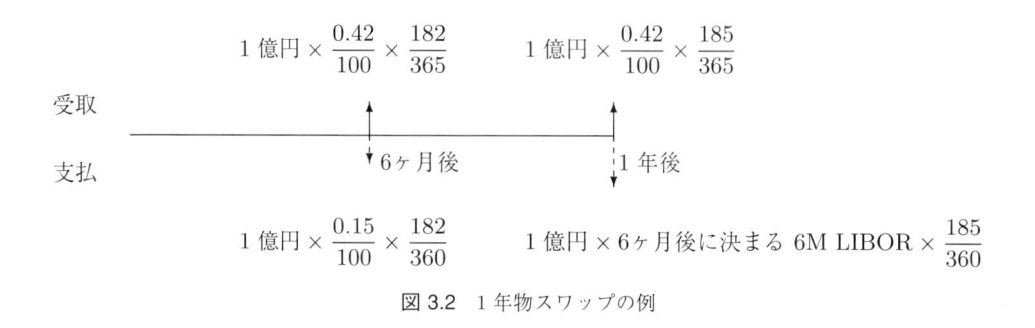

図を参考にして，以下の問に答えよ．

実線の矢印は固定金利によるキャッシュフロー，点線の矢印は変動金利によるキャッシュフローを表す．ただし，想定元本を10億円とする．

$$10\text{億円} \times \text{6M LIBOR} \times \frac{182}{360}$$

受取　　182日　　185日　　181日　　183日

支払

$$10\text{億円} \times \frac{0.47}{100} \times \frac{182}{365}$$

(1) 次の文章の空欄を埋めよ．

「ある企業が上のプレーンなスワップ取引を行った．この企業は ① 年物スワップを，スワップレート ② で ③ した．」

(2) 当初の6ヶ月LIBORが0.145%であるとする．このとき，6ヶ月後は受超（受取 > 支払）となるか払超（受取 < 支払）となるか．

(3) 6ヶ月後に受けと払いが同額であったとすると，当初の6ヶ月LIBORは何%になるか．

マーケットでは，スワップレートは次のように提示されます．

1 年	0.25	−	0.21
2 年	0.50	−	0.46
3 年	0.76	−	0.72
4 年	1.05	−	1.01
5 年	1.33	−	1.29
7 年	1.78	−	1.74
10 年	2.16	−	2.12

表 3.1　スワップレートの表示例 (A/365 S.A. v.s. 6 month JPY LIBOR)

1年物スワップレートが $0.25 - 0.21$ となっているのは，0.25% をレシーブしたい業者と，0.21% をペイしたい業者がいるということです．このマーケットで，もしあなたが1年スワップをペイしたいのであれば，0.25%を払うか，0.25%より低いレートを提示して取引相手が現れるのを待つことになります．

3.2 フォワード・レート

43ページで定義したように,スワップ取引は,「将来にわたる異種金利の債務を,現在価値が等しくなるように交換する取引」です.つまり,6ヶ月ごとに受け取るキャッシュフローを取引時点に引き戻したとき,「そのときの市場実勢に照らし合わせて,互いに等価でなければならない」ということです.44ページの図3.2を例にとって説明します.各支払時点で発生するキャッシュフローは次のように計算されます.

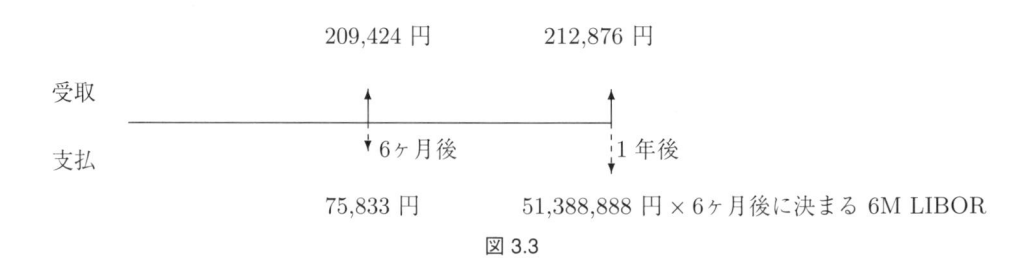

```
                    209,424 円      212,876 円
受取    ─────────────↑──────────────↑─────
                     ↓6ヶ月後        ↓1年後
支払
                    75,833 円    51,388,888 円 × 6ヶ月後に決まる 6M LIBOR
```
図 3.3

ところで,やや困ったことが起こりました.もう気づいていると思いますが,1年後に支払う利息は,半年後(正確にはその2営業日前)に決定される6ヶ月円LIBORが適用されるので,取引時点では確定しないのです.このままではキャッシュフローを現在価値に引き戻すことができません.

しかし,実はゼロレートあるいはディスカウントファクターを使って,6ヶ月後の6ヶ月LIBORがどのくらいになるかという市場の予想値(理論値)を計算することができます.上のスワップを約定した時点でのディスカウントファクターがそれぞれ次のようになっていたとしましょう.

	取引日からの日数	ディスカウントファクター	ゼロレート (%)
取引日	0	1.000000	0.000000
2営業日後	2	0.999993	0.126000
6ヶ月後	184	0.999261	0.144640
1年後	369	0.997684	0.226213
1.5年後	550	0.994724	0.346252
2年後	733	0.990622	0.462757
2.5年後	914	0.985132	0.590008
3年後	1098	0.977975	0.730202

表 3.2 ディスカウントレートおよびゼロレート(連続複利,A/360)

ここで，以下の記号を導入します（ただし 0 年後は，現時点から 2 営業日後を表すものとします）.

t_m　現時点から m 年後までの日数.
r_m　m 年のゼロレート.
d_m　m 年のディスカウントファクター $e^{-r_m \cdot t_m/360}$.
f_m　m 年後の 6 ヶ月 LIBOR の理論値 (S.A. A/360).
a_m　m 年後からその 6 ヶ月後までの日数 $t_{m+1/2} - t_m$.
n_m　m 年後からその 6 ヶ月後までに適用される想定元本額 (億円).

このとき，1 億円を金利 r_1 で 1 年間運用して 1 年後に得られる額と，半年間 $r_{\frac{1}{2}}$ で運用して得られる額をさらに半年後の 6 ヶ月 LIBOR $f_{\frac{1}{2}}$ で再運用して 1 年後に得られる額は同じでなければなりません.

1 億円 $\longrightarrow$ $1 \cdot e^{r_1 \cdot \frac{t_1}{360}}$ 億円

$t_0 \quad\quad\quad t_{1/2} \quad\quad\quad t_1$

1 億円 $\longrightarrow$ $1 \cdot e^{r_{1/2} \cdot \frac{t_{1/2}}{360}}$ 億円 $\longrightarrow$ $1 \cdot e^{r_{1/2} \cdot \frac{t_{1/2}}{360}} \left(1 + f_{1/2} \cdot \frac{a_{1/2}}{360}\right)$ 億円

したがって，

$$1 \cdot \exp\left(r_1 \cdot \frac{t_1}{360}\right) = 1 \cdot \exp\left(r_{1/2} \cdot \frac{t_{1/2}}{360}\right) \cdot \left(1 + f_{\frac{1}{2}} \cdot \frac{a_{\frac{1}{2}}}{360}\right) \tag{3.1}$$

```
In[2]:=  eqn = Exp[ r[1] * t[1]/360 ] ==
              Exp[ r[1/2] * t[1/2]/360 ] *
              ( 1 + f[1/2] * a[1/2]/360 )
```

が成立します．ゼロレートとディスカウントファクターの関係式

$$d_m = \exp\left(-r_m \cdot \frac{t_m}{360}\right) \tag{3.2}$$

```
In[3]:=  r[n_] := - Log[d[n]] / (t[n]/360)
```

を使って，(3.1) を $f_{\frac{1}{2}}$ について解くと

```
In[4]:=   fwdrate = f[1/2] /. Solve[eqn, f[1/2]]

          360 (d[1/2] - d[1])
Out[4]=  {───────────────────}
             a[1/2] d[1]
```

したがって、6ヶ月後の6ヶ月LIBORは

$$f_{\frac{1}{2}} = \frac{360(d_{1/2} - d_1)}{a_{1/2} d_1} = \frac{1}{a_{1/2}/360}\left(\frac{d_{1/2}}{d_1} - 1\right) \tag{3.3}$$

を満たすことがわかります。表3.2で与えた日数 t_m $(m = 0, 1/2, 1, \ldots, 3)$、ディスカウントファクター d_m $(m = 0, 1/2, 1, \ldots, 3)$ および金利も計算期間算出のルール $a_m = t_{m+1/2} - t_m$ を *Mathematica* に与えます。

```
In[5]:=   {t[0], t[1/2], t[1], t[3/2], t[2], t[5/2], t[3]} =
          {2, 184, 369, 550, 733, 914, 1098};

In[6]:=   {d[0], d[1/2], d[1], d[3/2], d[2], d[5/2], d[3]} =
          {1, 0.999261, 0.997684, 0.994724,
           0.990622, 0.985132, 0.977975};

In[7]:=   a[m_] := t[m + 1/2] - t[m]
```

これらを用い、(3.3) を評価すると、

```
In[8]:=   fwdrate
Out[8]=   {0.00307588}
```

となります。この値は、現在の市場から得られる**将来の6ヶ月LIBORの期待値**を表しており、フォワードレート (forward rate) と呼ばれます。この値を用いて、先ほどのキャッシュフロー (図3.3) を計算し直すと次のようになります。

                    209,425 円   212,877 円

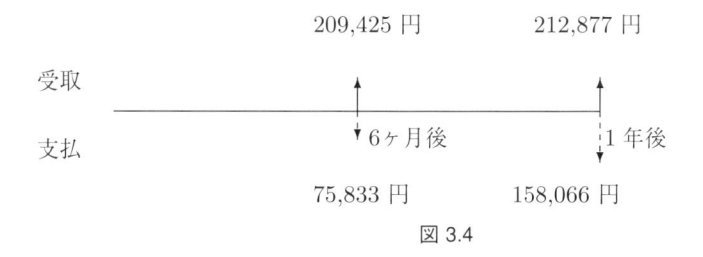

受取 ────────────↑────────────↑────────
                    ↓6ヶ月後   ↓1年後
支払

                    75,833 円   158,066 円

図 3.4

これらのキャッシュフローにディスカウントファクターをかけて，現在価値を求めます．

```
In[9]:=   固定側 PV = 209425 * d[1/2] + 212877 * d[1]
Out[9]=   421654.


In[10]:=  変動側 PV = 75833 * d[1/2] + 158066 * d[1]
Out[10]=  233477.
```

となるので，評価時点の市場環境から判断するとレシーブサイドに有利な取引となっています．

ここで，フォワードレートについてもう少し詳しく見ていきましょう．上と同様の考え方から，1億円を $m+1/2$ 年間運用して得られる額と，m 年間の運用後さらに半年間再運用して得られる額は同じにならなければなりません．

$$1\text{億円} \longrightarrow 1 \cdot e^{r_{m+1/2} \cdot \frac{t_{m+1/2}}{360}} \text{億円}$$

$$\vdash_{t_0} \quad\quad\quad \vdash_{t_m} \quad\quad\quad \vdash_{t_{m+\frac{1}{2}}}$$

$$1\text{億円} \longrightarrow 1 \cdot e^{r_m \cdot \frac{t_m}{360}} \text{億円} \longrightarrow 1 \cdot e^{r_m \cdot \frac{t_m}{360}}(1 + f_m \cdot \frac{a_m}{360}) \text{億円}$$

したがって，

$$1 \cdot \exp\left(r_{m+1/2} \cdot \frac{t_{m+1/2}}{360}\right) = 1 \cdot \exp\left(r_m \cdot \frac{t_m}{360}\right) \cdot \left(1 + f_m \cdot \frac{a_m}{360}\right) \tag{3.4}$$

```
In[11]:= Clear[a, eqn, fwdrate]

In[12]:= eqn =
          Exp[r[m + 1/2] * t[m + 1/2]/360] ==
            Exp[r[m] * t[m]/360] * (1 + f[m] * a[m]/360)
```

が成立します．(3.4) を f_m について解いて

```
In[13]:=  fwdrate = f[m] /. Solve[eqn, f[m]]
                360 (d[m] - d[m + 1/2])
Out[13]= {------------------------------}
                   a[m] d[m + 1/2])
```

よって，m 年後スタートの 6 ヶ月フォワード LIBOR は

$$f_m = \frac{360(d_m - d_{m+1/2})}{a_m d_{m+1/2}} = \frac{1}{a_m/360}\left(\frac{d_m}{d_{m+1/2}} - 1\right) \tag{3.5}$$

で与えられます．

問 3.2.1

表 3.2 を用いて次の問に答えよ．

(1) $a_1, a_{\frac{3}{2}}, a_2$ の値を求めよ．

(2) 式 (3.5) を用い，$f_1, f_{\frac{3}{2}}, f_2$ の値を求めよ．

(3) 現在の市場実勢に基づく 1 年後のフォワード LIBOR の値を求めよ．

3.3 スワップのプライシング

図 3.2 で表される金利スワップは，これまでの計算で，取引時点では固定金利をレシーブする側に有利な取引であることが計算されました．では，受取る側のキャッシュフローの PV と支払う側のキャッシュフローの PV が等しくなるスワップレート s を求めてみます．ゼロ年後のフォワード LIBOR はその定義より，初回に適用される LIBOR と同じです．下図では当初の LIBOR を f_0 で表しました．

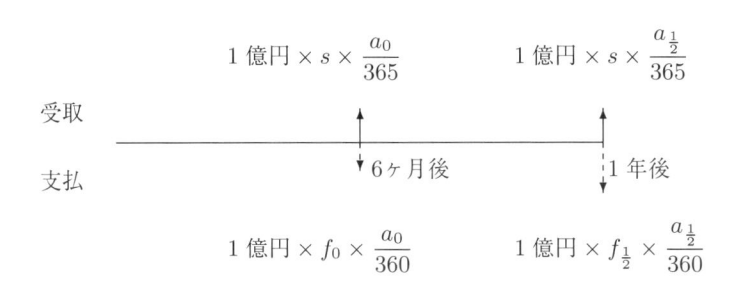

```
                1億円 × s × a₀/365        1億円 × s × a_{1/2}/365
受取   ─────────────┬──────────────────┬──────
                  ↓6ヶ月後            ↓1年後
支払   ─────────────┬──────────────────┬──────
                1億円 × f₀ × a₀/360       1億円 × f_{1/2} × a_{1/2}/360
```

固定サイド（受取側）で発生するキャッシュフローの現在価値は，次のようになります．

	キャッシュフロー	ディスカウントファクター	PV (単位：億円)
6ヶ月後	1億円 $\times s \times \dfrac{a_0}{365}$	$d_{\frac{1}{2}}$	$s \cdot \dfrac{a_0}{365} \cdot d_{\frac{1}{2}}$
1年後	1億円 $\times s \times \dfrac{a_{\frac{1}{2}}}{365}$	d_1	$s \cdot \dfrac{a_{\frac{1}{2}}}{365} \cdot d_1$

変動サイド（支払側）で発生するキャッシュフローの現在価値は，次のようになります．

	キャッシュフロー	ディスカウントファクター	PV (単位：億円)
6ヶ月後	1億円 $\times f_0 \times \dfrac{a_0}{360}$	$d_{\frac{1}{2}}$	$f_0 \cdot \dfrac{a_0}{360} \cdot d_{\frac{1}{2}}$
1年後	1億円 $\times f_{\frac{1}{2}} \times \dfrac{a_{\frac{1}{2}}}{360}$	d_1	$f_{\frac{1}{2}} \cdot \dfrac{a_{\frac{1}{2}}}{360} \cdot d_1$

それぞれの合計額が等価になるように方程式を解きます．

```
In[14]:= Clear[a, f]
```

式 (3.5) を定義します．
```
In[15]:= f[m_] := 1/(a[m]/360) * (d[m]/d[1/2 + m] - 1)
```

```
In[16]:= a[m_] := t[m + 1/2] - t[m]
```

固定サイドの PV を求めます．
```
In[17]:= fixedPV = Sum[ s * (a[k]/365) *
                        d[k + 1/2], {k, 0, 1/2, 1/2}]
Out[17]= 1.00394 s
```

変動サイドの PV を求めます．
```
In[18]:= floatPV = Sum[ f[k] * (a[k]/360) *
                        d[k + 1/2], {k, 0, 1/2, 1/2}]
Out[18]= 0.002316
```

方程式を解き，スワップレートを求めます．
```
In[19]:= Solve[ fixedPV == floatPV ]
Out[19]= {{s -> 0.00230692}}
```

したがって，求めるスワップレートは 0.2307% となります．受払のキャッシュフローの PV が等しくなることを，**ブレークイーブン** (break even) と呼び，ブレークイーブン・レートの算出をスワップの**プライシング**と言います．上の議論は一年物スワップを例にとりましたが，一般の m 年スワップ取引についても同様にしてブレークイーブン・レートを求めることができます．つまり，固定サイドのキャッシュフローの PV と変動サイドのキャッシュフローの PV が等しくなるとして，次式を解きます．

$$\sum_{k=0}^{m-1/2} n_k \cdot s \cdot \frac{a_k}{365} \cdot d_{k+\frac{1}{2}} = \sum_{k=0}^{m-1/2} n_k \cdot f_k \cdot \frac{a_k}{360} \cdot d_{k+\frac{1}{2}} \tag{3.6}$$

ただし，f_k は式 (3.5) で与えられ，総和記号で用いられる $k=0$ から $k=m-1/2$ までの増分ステップは $1/2$ とします．(3.6) 式を用いて，2 年物スワップレートを算出してみます．想定元本額 n_k は一定の値，1 億円としておきます．

想定元本額 n_k の値をセットします.
```
In[20]:= n[k_] := 100000000
```

固定金利サイドの PV を計算します.
```
In[21]:= fixedPV = Sum[ n[k] * s * (a[k]/365) *
                          d[k + 1/2], {k, 0, 3/2, 1/2}]
Out[21]= 1.99388 × 10^8 s
```

変動金利サイドの PV を計算します.
```
In[22]:= floatPV = Sum[ n[k] * f[k] * (a[k]/360) *
                          d[k + 1/2], {k, 0, 3/2, 1/2}]
Out[22]= 937800
```

方程式を解き, スワップレートを求めます.
```
In[23]:= Solve[ fixedPV == floatPV ]
Out[23]= {{s -> 0.00470339}}
```

=== 問 3.3.1 ===

以下の問に答えよ．（ディスカウントファクターは，表 3.2 を用ること）．

(1) プレーンな 1.5 年スワップのスワップレートを求めよ．

(2) プレーンな 2.5 年スワップのスワップレートを求めよ．

(3) プレーンな 3 年スワップのスワップレートを求めよ．

=== 問 3.3.2 ===

想定元本額が 25% づつ減少していくような 2 年スワップをプライシングせよ（ディスカウントファクターは，表 3.2 を用いること）．

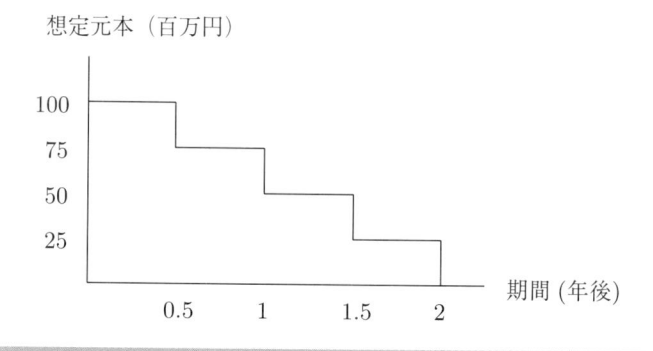

想定元本（百万円）

```
100 ┐
 75 │  └─┐
 50 │    └─┐
 25 │      └─┐
    │        └──
    └─────────────→ 期間 (年後)
      0.5  1  1.5  2
```

想定元本額が減少するスワップは**アモタイジング・スワップ** (amortizing swap) あるいは**アモチ付きスワップ**と呼ばれます．元利均等型のローン債務を，固定化させたり変動化させたりする場合に用います．また，これとは逆に，想定元本が増加するスワップは**アキュムレーティング・スワップ** (accumlating swap) と呼ばれます．

第4章

イールドカーブを作ろう

　イールドカーブは，ゼロカーブやフォワードカーブなど金利の期間構造を持つ利回り曲線の総称を指す用語です．第3章で，スワップ取引とそのプライシングについて説明を行いましたが，このときなくてはならないものがディスカウントファクターです．これがないと，フォワードレートを求めることもできませんし，キャッシュフローを割引いて現在価値を求めることもできません．スワップのプライシングなどもってのほかです．そこで本章では，市場で提示されている各種金利をもとに，ディスカウントファクターを算出する方法について解説します．ディスカウントファクターが求まれば，(3.2)，(3.5) 式を使ってゼロレートとフォワードレートを算出できます．これらのレートをつなぎ合わせることにより，イールドカーブを作成することができます．

4.1　金利データの入手方法

　本書でのイールドカーブ作成には，次に挙げた4種類の金利を用います．

(1) 無担保コール翌日物金利
(2) ユーロ円現物（トムネク）
(3) 円 LIBOR (6ヶ月，12ヶ月)
(4) スワップレート (1年以上)

　これらの情報は次ページ以降で紹介するインターネット上のWebページや経済新聞紙等で入手することができます．

無担保コール翌日物金利

　無担保コール翌日物金利（無担コール O/N[1]）を 理解する前に，中央銀行である日本銀行の役割を理解しておきましょう．日本銀行は，物価の安定・持続的な経済成長の促進・為替相場の安定・国際収支の均衡などを目標に，① 公定歩合操作（市中銀行への貸出金利を変動させる），② 公開市場操作（手形買オペ，FB市中売却，債券買切りオペなどを行う），③ 預金準備率操作（銀行は自身の持つ預金量に対し，一定率の日銀当座預金を保有しなければなりません．この一定率（所要準備率）を変動させる）を行います．
　銀行は ③ の準備預金制度の下で，所要準備率に応じた預金を日銀当座預金口座に入

---
[1] O/N：オーバーナイトの略

金する必要があります．銀行は自身の所要準備に応じて，その額に毎日過不足が発生します．このとき，所要準備額に不足のある銀行は，余裕のある銀行との間で，資金を無担保で一日だけ貸借する取引を行います．このとき適用される金利が無担保コール O/N 金利となります．日銀は短期金融市場において毎日資金供給や吸収を行い，市場の資金需要を調節して望ましい金利水準に誘導しています．O/N 金利を低下させると，それよりも取引期間の長い市場金利の低下を促し，最終的には貸出金利や預金金利などに影響を与えます．

　無担保コール O/N 金利は，ロイター社の提供する東京マーケットサマリー（朝日新聞社ホームページ，ヤフー・ファイナンス・ページなどに掲載されています），あるいはブルームバーグ社ホームページ等で知ることができます．

　最近では，2000 年 8 月 11 日の日銀政策委員会・金融政策決定会合において，無担保コール O/N の誘導目標が，「ゼロ」から「平均年 0.25％前後」に引き上げられました（ゼロ金利政策の解除）．

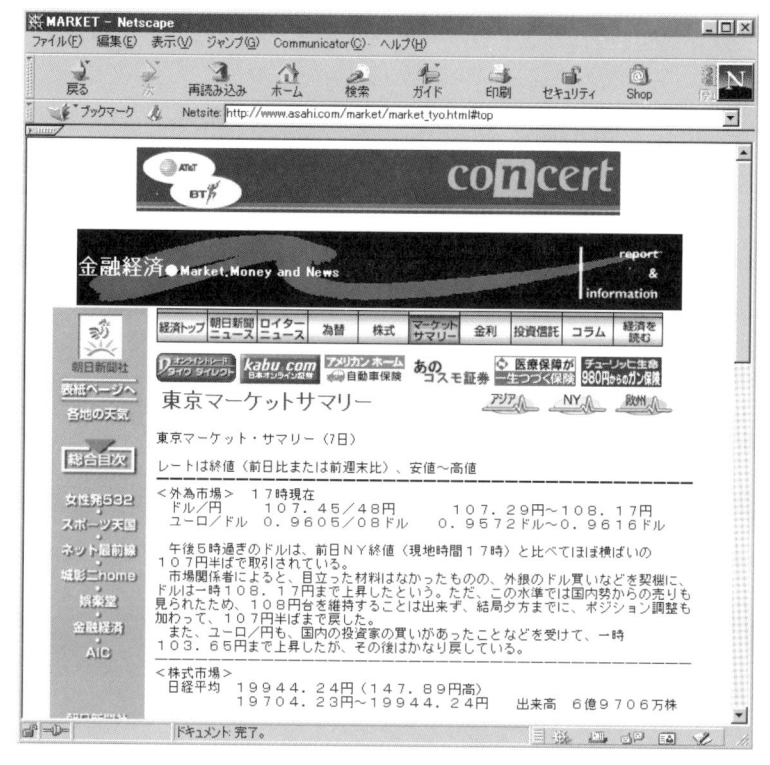

http://www.asahi.com/market/market_tyo.html#top

ユーロ円現物（トムネク）

トムネクとは Tomorrow Next の略で，取引約定日の翌営業日に資金の授受があり，その翌々営業日に決済日（満期日）の到来する取引を指します．約定日の翌々営業日は**スポット日** (spot date) と呼ばれます．ユーロ円現物の実勢レートについても上記東京マーケットサマリーで知ることができます．

円 LIBOR

LIBOR（詳しい説明は 38 ページを参照して下さい）は，取引がスタートする 2 営業日前のロンドン時間午前 11 時に決定されます．この時間は東京では夜 19:00 なので，日中は昨日分までしか判明していません．本書のイールドカーブ作成においては，昨日決定のレートを本日決定分とみなして取扱うこととします．レートは（株）メイタン・トラディション提供のマーケット情報で知ることができます．

```
http://www.tradition-net.co.jp/market/i_tibj.htm
```

スワップレート

レートについても円 LIBOR と同様に，(株) メイタン・トラディション提供のマーケット情報で知ることができます．

http://www.tradition-net.co.jp/market/i_intj.htm

4.2 ディスカウントファクターの算出

インターネット上の Web ページや経済新聞紙等で入手したレートが以下のようになっていたとしましょう．レートがオファーとビッドで示されているような場合には，中心値をそのレートとしました．また，スポット日からの応答日算出には，市場で慣行となっている**モディファイド・フォローイング** (modified following, M.F.) のルールを適用しました．モディファイド・フォローイングとは，応答日が休日のときには翌営業日を新たな応答日とし，翌営業日が月をまたいでしまうときには前営業日を応答日とする規則です．[2] 応答日を調べるときは付録のカレンダーを参照してください．

計算基準日	2000/2/23
翌営業日	2000/2/24
スポット日	2000/2/25

無担保コール O/N		
起算日	満期日	レート
2000/2/23	2000/2/24	0.02%

ユーロ円 (トムネク)		
起算日	満期日	レート
2000/2/24	2000/2/25	0.03%

期間	スポットからの応答日	レート
6 ヶ月	2000/8/25	0.14375%
12 ヶ月	2001/2/26	0.23250%

2/22 決定分を 2/23 決定分に読み替え

スワップレート		
期間	満期日	レート
1 年	2001/2/26	0.230%
2 年	2002/2/25	0.480%
3 年	2003/2/25	0.740%
4 年	2004/2/25	1.030%
5 年	2005/2/25	1.310%
6 年	2006/2/27	1.560%

スワップレート		
期間	満期日	レート
1.5 年	2001/8/26	0.354%
2.5 年	2002/8/25	0.609%
3.5 年	2003/8/25	0.884%
4.5 年	2004/8/25	1.169%
5.5 年	2005/8/25	1.433%

(左表のスワップレートを線形按分して算出)

```
日付処理パッケージをロードします．
In[1]:=    Needs["Miscellaneous`Calendar`"]

計算基準日とディスカウントファクター算出日を入力します．
In[2]:=    asofdate = {2000, 2, 23};

In[3]:=    dfgrid = {{2000,2,24}, {2000,2,25}, {2000,8,25},
                     {2001,2,26}, {2001,8,26}, {2002,2,25},
                     {2002,8,25}, {2003,2,25}, {2003,8,25},
```

---

[2] modified following の他には，following や preceeding などがあります．上の例では，2001/2/15, 2001/8/25, 2006/2/25 が M.F. のルールにより，2001/2/26, 2001/8/26, 2006/2/27 に修正されています．

```
                      {2004,2,25}, {2004,8,25}, {2005,2,25},
                      {2005,8,25}, {2006,2,27}};
```

計算基準日からの日数を計算し、t_i に入力します.

```
In[4]:=   {tomorrow, t[0], t[1/2], t[1], t[3/2], t[2], t[5/2],
           t[3], t[7/2], t[4], t[9/2], t[5], t[11/2], t[6]} =
          Map[ DaysBetween[#, asofdate] &, dfgrid]
```

レートを設定します.

```
In[5]:=   overnight = 0.02 / 100;

In[6]:=   tomnex = 0.03 / 100;

In[7]:=   {libor[1/2], libor[1]} = {0.14375, 0.23250} / 100;

In[8]:=   {s[1], s[3/2], s[2], s[5/2], s[3], s[7/2],
           s[4], s[9/2], s[5], s[11/2], s[6]} =
          {0.23, 0.354, 0.48, 0.609, 0.74, 0.884,
           1.03, 1.169, 1.31, 1.433, 1.56} / 100;
```

スポット日のディスカウントファクター

まず，スポット日のディスカウントファクターを求めます．計算基準日からスポット日までの運用が，O/N とトムネクの組み合わせで可能（最初の1日を O/N で運用し，続けてトムネクで再運用します）なので，スポット日の1円を計算基準日に引き戻す計算によりディスカウントファクターを求めることができます（下図）．記号は 47 ページで導入したものを用います．

$$1 \longrightarrow 1 \cdot \left(1 + \frac{0.02}{100} \cdot \frac{1}{365}\right) \longrightarrow 1 \cdot \left(1 + \frac{0.02}{100} \cdot \frac{1}{365}\right) \cdot \left(1 + \frac{0.03}{100} \cdot \frac{1}{360}\right)$$

|計算基準日 | 翌営業日 | スポット日|

$d_0 \longleftarrow 1$

したがって，スポット日のディスカウントファクター d_0，ゼロレート r_0 はそれぞれ次式で与えられます．

$$d_0 = \frac{1}{\left(1 + \frac{0.02}{100} \cdot \frac{1}{365}\right)\left(1 + \frac{0.03}{100} \cdot \frac{1}{360}\right)},$$

$$r_0 = -\frac{\log d_0}{2/360}.$$

```
In[9]:=   Clear[d]

In[10]:=  d[m_] := (
              d[m] =
                1/(1 + overnight * tomorrow/365)
                /(1 +    tomnex * (t[0] - tomorrow)/360)
              ) /; m == 0

In[11]:=  d[0]
Out[11]=  0.999999
```

6ヶ月・1年のディスカウントファクター

次に6ヶ月と1年のディスカウントファクターを求めます．計算基準日から6ヶ月までの運用を，スポット日までの運用とスポット日以降の運用に分けて考え，6ヶ月後の1円のPVを求めます．計算基準日からスポット日までの運用は前述のようにO/Nとトムネクを組み合わせ，スポット日から6ヶ月後までの運用は6ヶ月LIBORによるものとします．

$$1 \longrightarrow 1 \cdot \exp\left(r_0 \cdot \frac{t_0}{360}\right) \longrightarrow 1 \cdot \exp\left(r_0 \cdot \frac{t_0}{360}\right) \cdot \left(1 + 6\mathrm{ML} \cdot \frac{t_{1/2} - t_0}{360}\right)$$

計算基準日　　スポット日　　6ヶ月後

$$d_{1/2} = d_0 \cdot \tilde{d}_{1/2} \longleftarrow \tilde{d}_{1/2} \longleftarrow 1$$

ここで，6MLは6ヶ月円LIBORを，$\tilde{d}_{1/2}$ はスポット日から見た6ヶ月のディスカウントファクターを表します．ディスカウントファクター $\tilde{d}_{1/2}$ は

$$\tilde{d}_{1/2} = \frac{1}{\left(1 + 6\mathrm{ML} \cdot \dfrac{t_{1/2} - t_0}{360}\right)} \tag{4.1}$$

と表されるので，計算基準日から見た6ヶ月のディスカウントファクターは，式 (4.1) を d_0 でさらに引き戻して，

$$d_{1/2} = d_0 \cdot \tilde{d}_{1/2}$$

によって得られます．

```
In[12]:= d[m_] := (
           d[m] = d[0] *
             1/( 1 + libor[m] * (t[m] - t[0])/360 )
           ) /; (0 < m && m <= 1)
```

```
In[13]:= d[1/2]
Out[13]= 0.999272
```

1年のディスカウントファクターについても，6ヶ月ディスカウントファクターと同様にして求められます．

$$1 \longrightarrow 1 \cdot \exp\left(r_0 \cdot \frac{t_0}{360}\right) \longrightarrow 1 \cdot \exp\left(r_0 \cdot \frac{t_0}{360}\right) \cdot \left(1 + 12\text{ML} \cdot \frac{t_1 - t_0}{360}\right)$$

計算基準日　　　スポット日　　　1年後

$d_1 = d_0 \cdot \tilde{d}_1 \longleftarrow \tilde{d}_1 \longleftarrow 1$

ここで，12ML は 12ヶ月円 LIBOR を，$\tilde{d}_1$ はスポット日から見た1年後応答日のディスカウントファクターを表します．ディスカウントファクター $\tilde{d}_1$ は

$$\tilde{d}_1 = \frac{1}{\left(1 + 12\text{ML} \cdot \dfrac{t_1 - t_0}{360}\right)} \tag{4.2}$$

と表されるので，計算基準日から見た1年後のディスカウントファクターは，式 (4.2) を d_0 で引き戻して，

$$d_1 = d_0 \cdot \tilde{d}_1$$

によって得られます．

```
In[14]:=  d[1]
Out[14]=  0.997634
```

1年以降のディスカウントファクター

(3.6) 式を用いて，スワップレート s_m からディスカウントファクター d_m を逆算します．例えば，1.5 年のディスカウントファクター $d_{3/2}$ は，(3.6) 式で $m = 3/2, n_k = 1$ とおくことにより

$$\sum_{k=0}^{1} s_{3/2} \cdot \frac{a_k}{365} \cdot d_{k+1/2} = \sum_{k=0}^{1} f_k \cdot \frac{a_k}{360} \cdot d_{k+1/2} \tag{4.3}$$

と表すことができます．この式を展開すると，左辺（固定金利側）は

$$\mathtt{fixedPV} = s_{3/2} \cdot \frac{a_0}{365} \cdot d_{1/2} + s_{3/2} \cdot \frac{a_{1/2}}{365} \cdot d_1 + s_{3/2} \cdot \frac{a_1}{365} \cdot d_{3/2}$$

右辺（変動金利側）は

$$\mathtt{floatPV} = f_0 \cdot \frac{a_0}{360} \cdot d_{1/2} + f_{1/2} \cdot \frac{a_{1/2}}{360} \cdot d_1 + f_1 \cdot \frac{a_1}{360} \cdot d_{3/2}$$

と表されますが，

$$\begin{aligned} a_m &= t_{m+1/2} - t_m \\ f_m &= \frac{1}{a_m/360}\left(\frac{d_m}{d_{m+1/2}} - 1\right) \end{aligned}$$

より，未知変数は $d_{3/2}$ のみとなるので，(4.3) を解いて 1.5 年のディスカウントファクター $d_{3/2}$ を求めることができます．

関係式を定義します．
In[15]:= a[m_] := t[m + 1/2] - t[m]

In[16]:= f[m_] := 1/(a[m]/360) * (d[m]/d[1/2 + m] - 1)

m の値を設定します．
In[17]:= m = 3/2;

固定サイドの PV を求めます．
In[18]:= fixedPV = Sum[s[m] * a[k]/365 * d[k + 1/2],
                      {k, 0, m - 1/2, 1/2}]
Out[18]= 0.003553867 + 0.00175545 d[$\frac{3}{2}$]

変動サイドの PV を求めます.
```
In[19]:=  floatPV = Sum[f[k] * a[k]/360 * d[k + 1/2],
                                    {k, 0, m - 1/2, 1/2}]
```
$$\text{Out[19]}= \ 0.0023646 + \left(-1 + \frac{0.997634}{d[\frac{3}{2}]}\right) d[\frac{3}{2}]$$

方程式 (4.3) を解きます.
```
In[20]:=  sol = Solve[fixedPV == floatPV]
```
Out[20]= {{d[$\frac{3}{2}$] -> 0.994699}}

```
In[21]:=  d[3/2] = Part[d[3/2] /. sol, 1]
```
Out[21]= 0.994699

上と同様の議論から, $m - 1/2$ 年ディスカウントファクターまで求まっていれば, (3.6) 式を解いて m 年ディスカウントファクターを算出できます. 1 年以降のディスカウントファクターは, 次の関数で求めることができます.

```
In[22]:=  d[m_] := (
        d[m] =
          Module[{floatPV, fixedPV, df},
            d[m] = df;
            fixedPV = Sum[s[m] * a[k]/365 * d[k + 1/2],
                                    {k, 0, m - 1/2, 1/2}];
            floatPV = Sum[f[k] * a[k]/360 * d[k + 1/2],
                                    {k, 0, m - 1/2, 1/2}];
            Part[df /. Solve[ fixedPV == floatPV , df], 1]
          ]
      ) /; 1 <= m
```

```
In[23]:=  Table[d[k], {k, 0, 6, 1/2}]
Out[23]= {0.999999, 0.999272, 0.997634, 0.994699, 0.990429,
          0.984882, 0.977982, 0.969449, 0.959421, 0.948417,
          0.936014, 0.923444, 0.90943}
```

m 年ディスカウントファクターの算出に上の関数を使いましたが，もう少し簡単に計算することが可能です．

(3.6) 式の左辺を変形して

$$\sum_{k=0}^{m-1} s_m \cdot \frac{a_k}{365} \cdot d_{k+1/2} + s_m \cdot \frac{a_{m-1/2}}{365} \cdot d_m = \sum_{k=0}^{m-1/2} f_k \cdot \frac{a_k}{360} \cdot d_{k+1/2}$$

(3.5) 式を代入して

$$\begin{aligned}
\sum_{k=0}^{m-1} s_m \cdot \frac{a_k}{365} \cdot d_{k+1/2} + s_m \cdot \frac{a_{m-1/2}}{365} \cdot d_m &= \sum_{k=0}^{m-1/2} \left(\frac{d_k}{d_{k+1/2}} - 1 \right) d_{k+1/2} \\
&= \sum_{k=0}^{m-1/2} d_k - d_{k+1/2} \\
&= d_0 - d_m
\end{aligned}$$

よって

$$d_m = \frac{d_0 - \sum_{k=0}^{m-1} s_m \cdot \frac{a_k}{365} \cdot d_{k+1/2}}{1 + s_m \cdot \frac{a_{m-1/2}}{365} \cdot d_m} \tag{4.4}$$

を得ます．

```
In[24]:=  d[m_] :=
            ( d[m] =
              (d[0] - Sum[s[m] * a[k]/365 * d[k + 1/2],
                                    {k, 0, m - 1, 1/2}])
                      / ( 1 + s[m] * a[m - 1/2]/365 )
            ) /; 1 <= m
```

問 4.2.1

6年以降のスワップレートが以下のようになっていた．これらの値を用いて，6.5年後から15年後までのディスカウントファクターを求めよ．

期間 (年)	計算基準日からの応答日	スワップレート (%)
6.5	2006/8/27	1.659
7.0	2007/2/26	1.760
7.5	2007/8/26	1.835
8.0	2008/2/25	1.910
8.5	2008/8/25	1.975
9.0	2009/2/25	2.040
9.5	2009/8/25	2.090
10.0	2010/2/25	2.140
10.5	2010/8/25	2.182
11.0	2011/2/25	2.225
11.5	2011/8/25	2.267
12.0	2012/2/27	2.310
12.5	2012/8/27	2.335
13.0	2013/2/27	2.360
13.5	2013/8/27	2.385
14.0	2014/2/27	2.410
14.5	2014/8/27	2.435
15.0	2015/2/25	2.460

4.3 ゼロカーブ，フォワードカーブの作成

以下では，上記の問 4.2.1 で得られる 15 年後までのディスカウントファクターを用います．期間 t_i (日) $(i = 0, 1/2, \ldots, m)$ のディスカウントファクター d_i とゼロレート r_i の関係式

$$d_i = \exp\left(-r_i \cdot \frac{t_i}{360}\right),$$

$$r_i = -\frac{\log d_i}{t_i/360},$$

により，各グリッド（レートの与えられている日）でのゼロレートを求めます．

```
In[25]:=  r[m_] := -Log[d[m]]/(t[m]/360)

In[26]:=  zero = Table[{t[i], r[i]}, {i, 0, 15, 1/2}]
Out[26]= {{2, 0.00024863}, {184, 0.00142406}, {369, 0.00231101},
          {550, 0.00347923}, {733, 0.00472346}, {914, 0.0059999},
                ⋮
          {4569, 0.0236778}, {4753, 0.0239417}, {4934, 0.0242092},
          {5118, 0.024479}, {5299, 0.0247523}, {5481, 0.0250282}}
```

このゼロレートは，グリッドごとにしか与えられないので，6ヶ月ごとのグリッド以外でのレートを求めるには，関数による補間が必要となります．*Mathematica* では，関数補間用のコマンドとして Interpolation が用意されていますからこれを使うことにします．

```
In[27]:=  zerorate = Interpolation[zero]
Out[27]=  InterpolatingFunction[{{2., 5481.}}, "<>"]
```

例えば，期間 2000 日のゼロレートは次のようにして求めることができます．

```
In[28]:=  zerorate[2000]
Out[28]=  0.0141969
```

補間によって得られた関数のグラフは次のようになります．

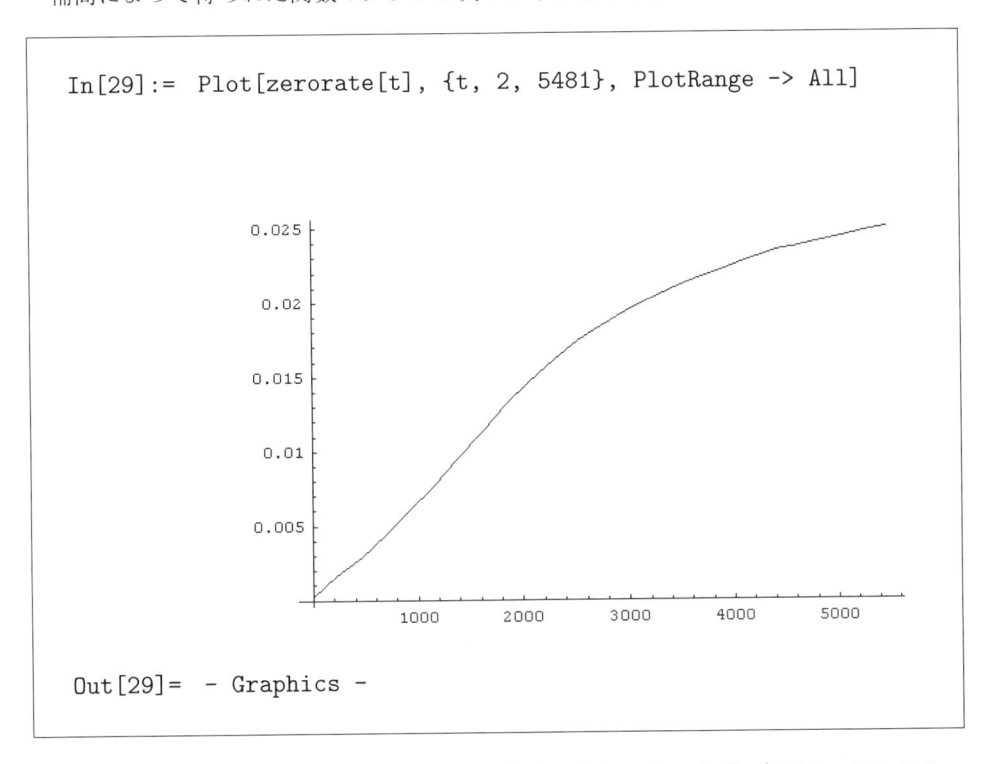

```
In[29]:= Plot[zerorate[t], {t, 2, 5481}, PlotRange -> All]
```

[グラフ: ゼロレート曲線。横軸 1000〜5000，縦軸 0.005〜0.025]

```
Out[29]= - Graphics -
```

フォワードカーブについても同様の手続で作成しましょう．まず，各グリッドでの6ヶ月フォワード LIBOR を算出します．

```
In[30]:= fwd = Table[{t[i], f[i]}, {i, 0, 29/2, 1/2}]
Out[30]= {{2, 0.0014375}, {184, 0.00319579}, {369, 0.00586951},
      {550, 0.00848115}, {733, 0.0112006}, {914, 0.0138037},
             ⋮
      {4387, 0.0302074}, {4569, 0.0307352}, {4753, 0.0314801},
      {4934, 0.0319713}, {5118, 0.0327459}, {5299, 0.0333402}}
```

コマンド Interpolation により補間を行います．

```
In[31]:= fwdrate = Interpolation[fwd]
Out[31]= InterpolatingFunction[{{2., 5299.}}, "<>"]
```

グラフを表示します．

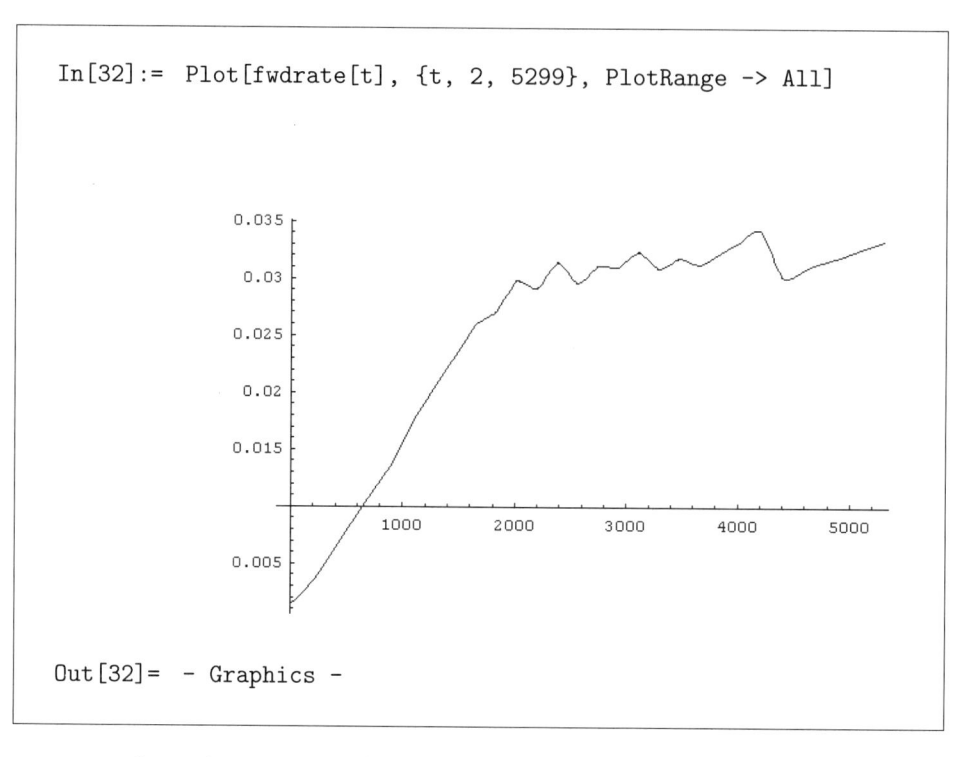

```
In[32]:= Plot[fwdrate[t], {t, 2, 5299}, PlotRange -> All]
```

[グラフ：横軸 0〜5000、縦軸 0.005〜0.035 のフォワードレート曲線]

```
Out[32]= - Graphics -
```

フォワードレートの2000日以降のグラフが滑らかでないのは，ディスカウントファクターを算出するときに，スワップレートを機械的に按分したためです．

問 4.3.1

上で求めた補間関数を用いて，次の値を求めよ．

(1) 期間100日のディスカウントファクター，ゼロレートおよびフォワードレートを求めよ．

(2) 期間3000日のディスカウントファクター，ゼロレートおよびフォワードレートを求めよ．

(3) 2500日後の100万円の現在価値はいくらか．

第5章
オプション取引・基礎編

　オプション取引は，第3章のはじめで触れたように，権利を売買する取引を指します．オプション取引自体は古くから行われています．古代ギリシアにおけるオリーブ圧搾機使用権売買，17世紀オランダにおけるチューリップ球根の取得権売買などが記録に残っており，多くの文献で紹介されています．権利の授受あるいは売買はそれ自体何ら珍しいものではなく，私たちの日常生活でも様々な形で登場してきます．

① 子供が，両親の誕生日や父の日・母の日にプレゼントする「肩たたき券」
② アパートやマンションを賃貸する際に前もって支払う手付金
③ 自動車事故を起こした際，保証を受け取る権利を持つ保険

など，数え切れないくらい挙げられます．金融工学で扱われる権利売買取引も，本質的にはこれらと何ら変わることがなく，権利売買の対象が株であったり，金利であったり，通貨であったり，信用であったりするだけの違いしかありません．

　取引所におけるオプション取引は CBOE (Chicago Board Options Exchange) で1973年に始まりました．また，同じ年にフィッシャー・ブラック (Fischer Black) とマイロン・ショールズ (Myron Scholes)，ロバート・マートン (Robert Merton) らによってオプション評価理論が発表されました．この理論をもとに今日の金融工学は発展を続けてきたわけですが，数学的理論の緒はそれよりも古く今から約100年前の1900年のフランスにまでさかのぼることができます．1900年にソルボンヌ大学の大学院生だったルイ・バシュリエ (Louis Bachelier) は，フランス国債の価格変動を確率論で説明する論文 Théorie de la spéculation(英語名で The theory of speculation) を博士論文として執筆しました．当時は注目されなかったのですが，今日のオプション理論構築に大変重要な役割を果たしています．

　本章と次章の目標は，ブラック・ショールズ（以下，BS）の理論を含むオプションの価格付け理論とその応用を理解することにあります．BSの理論がポピュラーになった背景には，非常に計算が単純であったこと，理論が投資家のリスク選好度に依存しないこと，完全複製 (perfect replication)[1] という手法をベースに理論構築が可能であることが挙げられます．

---

1) 原資産と無リスク資産の連続的な組替えによってオプションのリターンを複製できること．

5.1 オプション取引とは

オプション取引は権利の売買なので，権利を保有している人（権利を購入した人のことで，**権利保有者**あるいは**オプション・ホルダー** (option holder) と言われます[2]）は，自分の損得を考え，権利を行使 (exercise) するか放棄するかを決定します．権利行使をして得になると思えば権利行使をし，そうでなければ権利を使わなくてもよいのです．権利行使による損得の分かれ目を**行使価格**あるいは**ストライク** (strike, striking price) と言います．権利は通常無期限に行使可能でなく，**満期** (expiry date, maturity) を持ちます．また，権利の購入はタダではできませんから，いくらかの対価を支払う必要があります．このコストを**プレミアム** (premium) と言い，このプレミアムがオプションの価値となります．

オプション取引は権利行使タイプの違いにより**ヨーロピアン**，**アメリカン**，**バミューダン**に分けられます．また，対象となる権利が「買う権利」かあるいは「売る権利」かによって**コールオプション** (call option) と**プットオプション** (put option) に分けられます．

call option	買う権利
put option	売る権利

ヨーロピアン	権利行使回数が1回のみのオプション
アメリカン	満期までならいつでも権利行使が可能なオプション
バミューダン	権利行使が複数回のオプション

本章では，原資産が配当のない株式（あるいは通貨）となるヨーロピアンオプションを考えることにし，オプションの満期を T，時点 t での株価指数を S_t，ストライクを K で表します．また，市場には摩擦がないと仮定します．**摩擦のない市場** (frictionless market) とは，すべての市場参加者に平等に情報が行き渡り，取引に伴う手数料が発生せず，すべての資産がいくらでも分割可能で，流動性の高い市場を指します．銀行からの借入にも制限がなく，運用と調達のレートも同一と仮定します．**空売り** (short sell)[3] についても制限を設けません．

---

[2] 権利購入者の取引相手を権利売却者あるいはオプション・セラー (option seller) あるいはオプション・ライター (option writer) と言います．

[3] 個人・法人がその信用力を利用して，原資産を持たずに売りからスタートする取引．原資産を持ちこむか，反対売買によって決済を行います．発音は「カラウリ」．

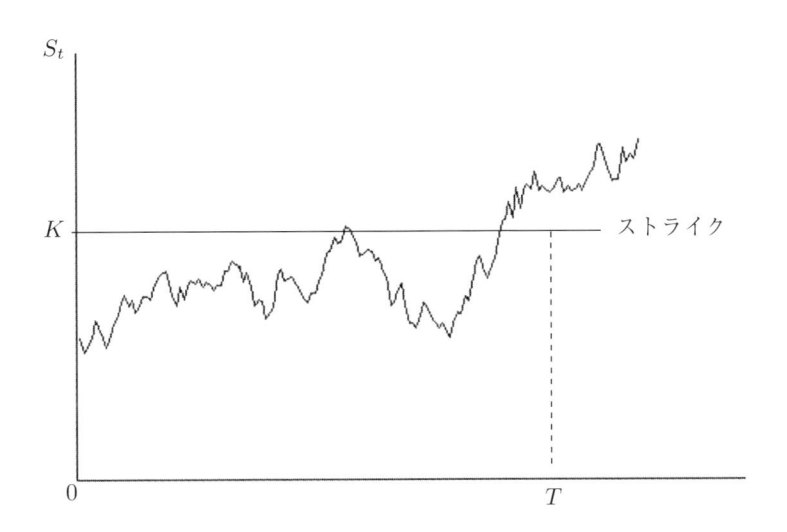

コールオプションは原資産をストライク価格で購入する権利です．権利行使日の原資産の価格 S_T がストライク価格 K を上回っていれば，オプションを権利行使し，原資産を K で購入した直後に市場で S_T で売却することによって $S_T - K$ の利益を手にすることができます．一方，S_T がストライク価格 K を下回っていれば，わざわざ権利行使をして価格 K で原資産を購入しなくても，市場で価格 S_T で購入することができるので，権利は放棄されます．原資産が株価指数の場合を例にとり図で表すと，

ストライク 19,000 円の株価指数コールオプション
→ 株価指数が 20,000 円 → 権利行使 → 利益 1,000 円
→ 株価指数が 18,000 円 → 権利放棄 → 利益なし

となります．

したがって，満期時のヨーロピアンコールオプションのペイオフ g は次式で与えられます．
$$g(S_T) = (S_T - K)^+ := \max\{S_T - K, 0\},$$
あるいは
$$g(S_T) = \begin{cases} S_T - K & (S_T > K \text{ のとき}) \\ 0 & (S_T \leq K \text{ のとき}) \end{cases}. \tag{5.1}$$

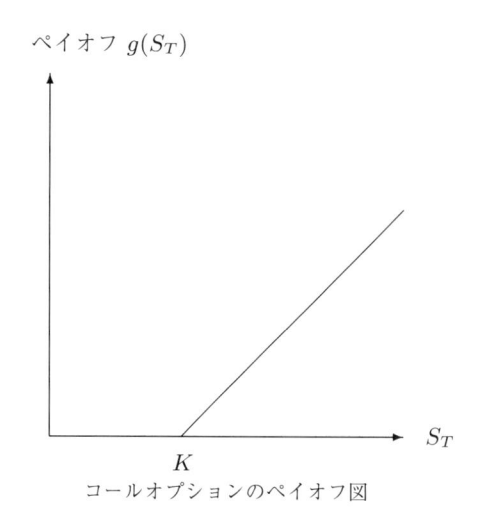

ペイオフ $g(S_T)$

K

コールオプションのペイオフ図

プットオプションは原資産を売却する権利です．権利行使日の原資産価格 S_T がストライク価格 K を下回っていれば，原資産を市場価格 S_T で購入し，ストライク価格 K で売却することにより直ちに利益 $K - S_T$ を手にすることができます．一方，S_T がストライク価格 K を上回っていれば，原資産をストライク価格より高い値段で売却できるので権利は放棄されます．

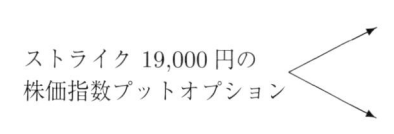

ストライク 19,000 円の株価指数プットオプション
→ 株価指数が 20,000 円 → 権利放棄 → 利益 なし
→ 株価指数が 18,000 円 → 権利行使 → 利益 1,000 円

満期時のヨーロピアンプットオプションのペイオフ h は次式で与えられます．

$$h(S_T) = (K - S_T)^+ := \max\{K - S_T, 0\},$$

あるいは

$$h(S_T) = \begin{cases} 0 & (S_T > K \text{ のとき}) \\ K - S_T & (S_T \leq K \text{ のとき}) \end{cases}. \tag{5.2}$$

ペイオフ $h(S_T)$

プットオプションのペイオフ図

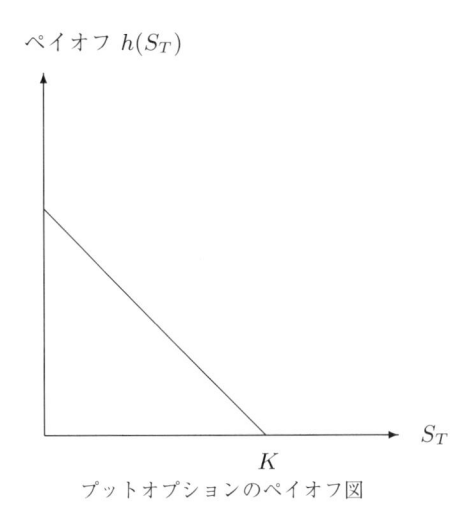

式 (5.1), (5.2) より次の関係式が直ちに導かれます．

$$\begin{aligned}g(S_T) - h(S_T) &= (S_T - K)^+ - (K - S_T)^+ \\ &= S_T - K\end{aligned}$$

この式は，オプション価格の**プット・コール・パリティ** (put-call parity) と呼ばれます．コールオプションの価格がわかればプットオプションの価格を導くことが可能で，計算量を減らす目的や，検算などに用いられます．

問 5.1.1

満期での原資産価格 S_T が次のとき，ストライク価格 100 円のコールオプション，ストライク価格 120 円のプットオプションの満期でのペイオフはそれぞれいくらとなるか．

(1) $S_T = 80$

(2) $S_T = 100$

(3) $S_T = 120$

(4) $S_T = 200$

5.2 リスク中立確率

まず，期間が 1 つ，状態が 2 つの簡単な例でコールオプションの価格付けを考えましょう．

――― 例 ―――

現在 ($t=0$) の株価指数が 19,000 円で，3 ヶ月後 ($t=T=1/4$) の満期における変動が 20,000 円への上昇または 18,000 円への下落の 2 通りの市場を仮定．ストライクを $K=19,000$ 円，無リスク金利を $r=3.0\%$ とするとき，コールオプションの価格はいくらか．

今後 3 ヶ月間株価指数が弱気（ベア，bear）に推移すると予想する投資家がいて，上昇する確率を 0.2，下落する確率を 0.8 と考えているとします．[4]

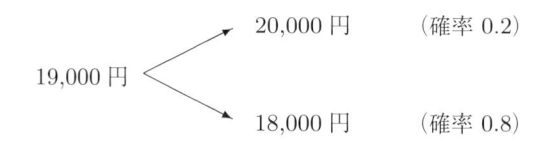

$$19{,}000\text{ 円} \begin{cases} 20{,}000\text{ 円} & (\text{確率 } 0.2) \\ 18{,}000\text{ 円} & (\text{確率 } 0.8) \end{cases}$$

上昇する事象を ω_1，下落する事象を ω_2 と書くことにすると，株価指数 S_T は，確率空間 $\Omega = \{\omega_1, \omega_2\}$，確率測度 P，($P(\omega_1) = 0.2 = 1 - P(\omega_2)$) 上の確率変数と考えられるので，

$$S_T(\omega) = \begin{cases} S^u = 20{,}000 & (\omega = \omega_1) \\ S^d = 18{,}000 & (\omega = \omega_2) \end{cases}$$

と表すことができます．このとき，満期でのオプションのペイオフ $C_T = (S_T - K)^+$ は

$$C_T(\omega) = \begin{cases} C^u = 1{,}000 & (\omega = \omega_1) \\ C^d = 0 & (\omega = \omega_2) \end{cases}$$

となります．図であらわすと，

$$\text{コールオプションの価値 ? 円} \begin{cases} C^u = 1{,}000 & (\text{確率 } 0.2) \\ C^d = 0 & (\text{確率 } 0.8) \end{cases}$$

となります．したがって，コールオプションの期待値は

$$E_P[C_T] = 1000 \times 0.2 + 0 \times 0.8 = 200$$

---

[4] これらは投資家の意思が入った主観的な確率

と計算され，これを現在価値に引き戻すと，

$$\exp(-rT) \cdot E_P[C_T] = \exp(-0.03 \times 1/4) \times 200 = 198.506.$$

```
In[1]:=   Exp[ -0.03 / 4 ] * 200
Out[1]=   198.506
```

したがって，市場を弱気に見ている参加者にとってのコールオプションの価値は 198.506 円となります．

これに対し，株価指数の上昇確率を 0.8，下落確率を 0.2 と見ている強気（ブル，bull）の市場参加者はコールオプションの価値をいくらと判断するでしょうか．上と同様に考えます．$\tilde{P}(\omega_1) = 0.8 = 1 - \tilde{P}(\omega_2)$ とすると，変動は次図で表されます．

コールオプションの価値　？　円
$C^u = 1{,}000$ （確率 0.8）
$C^d = 0$ （確率 0.2）

コールオプションの期待値は

$$E_{\tilde{P}}[C_T] = 1000 \times 0.8 + 0 \times 0.2 = 800.$$

現在価値に引き戻すと，

$$\exp(-rT) \cdot E_{\tilde{P}}[C_T] = \exp(-0.03 \times 1/4) \times 800 = 794.022.$$

```
In[2]:=   Exp[ -0.03 / 4 ] * 800
Out[2]=   794.022
```

この方法では，各投資家の主観的な確率に依存して 1 つの商品に 2 つ以上の値段がついてしまうことがわかります．これは一物一価の原則に反しますから，どちらも公正な価値とは言えません．

問 5.2.1

上の例にならい，予想される上昇確率と下落確率がともに 0.5 であるとき，コールオプションの価値を求めよ．

次に，**ポートフォリオの複製** (replicating portfolio) という考え方を導入してコールオプションの価値を求めてみます．時点 $t=0$ で，株価指数 S_0 に a_0 単位，預金に b_0 円だけ投資するポートフォリオ[5] $\phi = \phi_0 = (a_0, b_0)$ を作ったとすると，時点 $t=0$ でのポートフォリオの価値 $V_0(\phi)$ は

$$V_0(\phi) = a_0 S_0 + b_0$$

です．これを次の時点 $t=T$ で評価すると，株価指数は S_0 から S_T へ，預金 b_0 は $e^{rT} b_0$ へ変化します．すなわち，時点 $t=T$ でのポートフォリオの価値 $V_T(\phi)$ は

$$V_T(\phi) = a_0 S_T + e^{rT} b_0$$

となります．これが，満期 $t=T$ でのコールオプションの価値と等しくなるとき，オプションのペイオフを**複製する** (replicate, レプリケート) と言います．ポートフォリオとコールオプションの価値の動きを図で表すと次のようになります．C_0 は $t=0$ でのコールオプションの価値を表します．

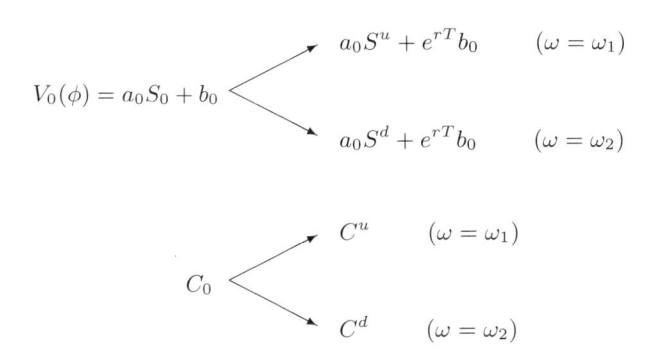

$$V_0(\phi) = a_0 S_0 + b_0 \begin{cases} a_0 S^u + e^{rT} b_0 & (\omega = \omega_1) \\ a_0 S^d + e^{rT} b_0 & (\omega = \omega_2) \end{cases}$$

$$C_0 \begin{cases} C^u & (\omega = \omega_1) \\ C^d & (\omega = \omega_2) \end{cases}$$

ポートフォリオがコールオプションの満期でのペイオフを複製するとき，その定義より

$$\begin{cases} a_0 S^u + e^{rT} b_0 = C^u \\ a_0 S^d + e^{rT} b_0 = C^d \end{cases} \tag{5.3}$$

が成立しなければなりません．$S^u = 20{,}000$, $S^d = 18{,}000$, $C^u = 1{,}000$, $C^d = 0$, $e^{rT} = 1.00753$ となることは与えられた条件から直ちに分かるので，(5.3) 式は a_0 と b_0 の連立方程式となります．

---

[5] $a_0 < 0$ のときは空売りを，$b_0 < 0$ のときは借入を表します．

```
In[3]:=   sol = Solve[{20000*a0 + 1.00753*b0 == 1000,
                       18000*a0 + 1.00753*b0 == 0}, {a0, b0}]
Out[3]=   {{a0 -> 0.5, b0 -> -8932.74}}
```

さらに，一物一価の原則より現在時点 $t = 0$ での価値も等しくなければなりません．なぜなら現在時点で $V_0(\phi)$ と C_0 に差があれば，安いほうを購入して高いほうを売れば，満期にはどちらも等価になるのですから，資金ゼロで収入を得ることができてしまいます（これを**裁定機会**（arbitrage，アービトラージ）の存在と言います）．

したがって，コールオプションの価値は

$$\begin{aligned} C_0 &= V_0(\phi) \\ &= a_0 S_0 + b_0 \end{aligned} \tag{5.4}$$

によって求めることができます．

```
In[4]:=   a0 * 19000 + b0 /. sol
Out[4]=   {567.264}
```

さて，上の議論では株価指数が上昇する確率や下落する確率は現れませんでした．この結果は，投資家の主観的な確率の入り込む余地がないという点で大変重要です．しかも，この値 C_0 は満期でのペイオフを複製するポートフォリオの価値と等しく，公正な価値と言えます（この値をもってコールオプションの価値としても自然であるということ）．

問 5.2.2

上の例にならってプットオプションの価値を求めよ．

再び (5.3) 式に戻ります．(5.3) 式を a_0, b_0 について解くと

```
In[5]:=   sol = Solve[
                {a0 * su + Exp[r T] * b0 == cu,
                 a0 * sd + Exp[r T] * b0 == cd}, {a0, b0}]

Out[5]=   {{ a0 -> - (cd - cu)/(-sd + su),  b0 -> e^(-r T)(cu sd - cd su)/(sd - su) }}
```

したがって，

$$a_0 = \frac{C^u - C^d}{S^u - S^d},$$

$$b_0 = e^{-rT} \cdot \frac{C^d S^u - C^u S^d}{S^u - S^d}.$$

を得ます．これを (5.4) 式に代入して C^u, C^d の項で分けます．

```
In[6]:=   call = Part[a0 * s0 + b0 /. sol, 1]
Out[6]=   -(cd - cu) s0/(-sd + su) + e^(-r T)( cu sd - cd su)/(sd - su)

In[7]:=   Collect[call, {cu, cd}, Together]
Out[7]=   - cu e^(-r T)(e^(r T)s0 - sd)/(sd - su) + cd e^(-r T)(e^(r T)s0 - su)/(sd - su)
```

$\exp(-rT)$ をくくりだし，C^u, C^d の係数をそれぞれ p_*, q_* とおきます．

```
In[8]:=   p = Simplify[Coefficient[call, cu] * Exp[r T]]
Out[8]=   (- e^(r T)s0 + sd)/(sd - su)

In[9]:=   q = Simplify[Coefficient[call, cd] * Exp[r T]]
Out[9]=   (- e^(r T)s0 + su)/(- sd + su)
```

上で定義した p_*, q_* に対し，和が 1 であることと，$1 < p_*, q_* < 0$ であることが次のようにして確かめられます[6]．

---

[6] $S^d < e^{rT} S_0 < S^d$ の条件を暗黙の了解として用いています．この条件は裁定機会が存在しないことを主張する式です．

```
In[10]:=  p + q // Simplify
Out[10]=  1

In[11]:=  FullSimplify[0 < p < 1, sd < Exp[r T] < su]
Out[11]=  True

In[12]:=  FullSimplify[0 < q < 1, sd < Exp[r T] < su]
Out[12]=  True
```

p_* は確率の条件を満たしていることがわかりました．したがって，コールオプションの価値は

$$\begin{aligned} C_0 &= e^{-rT}\left\{p_* C^u + q_* C^d\right\} \\ &= e^{-rT} E_{p_*}[C_T] \end{aligned} \tag{5.5}$$

と書き直すことができます．すなわち，コールオプションの価値は，確率 p_* のもとでの期待値を現時点に割引いた値であると言えます．76 ページの例に当てはめると

```
In[13]:=  data = { r -> 0.03,  s0 -> 19000,  su -> 20000,
                  sd -> 18000,  cu -> 1000,   cd -> 0,  T -> 1/4};

In[14]:=  p /. data
Out[14]=  0.571518

In[15]:=  Exp[- r T] (p*cu + (1 - p)*cd) /. data
Out[15]=  567.248
```

を得ます．これは Out[4] の結果とほぼ同じになります．さらに，上で定義した確率 p_* を用いて

$$E_{p_*}[S_T] = e^{rT} \cdot S_0 \tag{5.6}$$

となることが示されます．これは $E_{p_*}[(S_T - S_0)/S_0] \approx rT$ と書きかえられ，確率 p_* のもとでは原資産の期待収益率は無リスク金利 r と等しくなります．確率 p_* は投資家のリスク選好度に依存しないので，**リスク中立確率** (risk-neutral probability, risk-neutral measure) と呼ばれています．これまでの議論はコールオプションに限定して進めましたが，プットオプションについても同様に成り立ちます．

問 5.2.3

(5.6) 式を示せ.

問 5.2.4

76 ページと同じ条件でプットオプションの価格を求めよ.

5.3 Cox-Ross-Rubinstein モデル

リスク中立確率の説明では，1 期間モデルを例にとりました．これを多期間に拡張します．たとえば，現時点での株価指数を S_0，上昇率[7]を $u-1$，下落率を $d-1$，1 期間を 3 ヶ月とすると，6 ヶ月後の株価指数の分布は次図のように表されます．

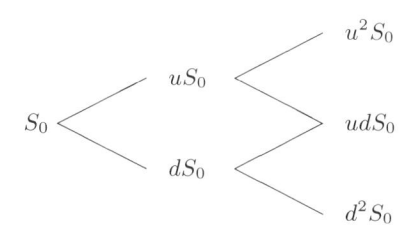

```
                    u²S₀
           uS₀
S₀                  udS₀
           dS₀
                    d²S₀
```

この図の一つ一つの分岐は前項で考察の対象とした 1 期間 2 状態モデルとなっており，これまでの考え方が容易に拡張できることが分かります．

コールオプションの価値は (5.5) 式によって求められるので，各分岐でのディスカウントファクターとリスク中立確率を知る必要があります．満期までの T 年間を n 回に分割すると，1 期間の幅は $\Delta t = T/n$ となります．したがって，無リスク金利を r とすると，1 期間のディスカウントファクターは $e^{-r\Delta t}$ で与えられます．リスク中立確率は，各時点での株価指数の上昇率を $u-1$，下落率を $d-1$ とおくと，Out[8] より

$$p_* = \frac{-e^{r\Delta t}S_0 + dS_0}{dS_0 - uS_0} = \frac{e^{r\Delta t} - d}{u - d} \tag{5.7}$$

となります．

では次に，u と d がどのように決められるかを考えましょう．今の株価指数が 19,000 円のとき，明日の株価指数の値をいくらと予想しますか? 上下 300 円の変動と予想するなら「18,700 円から 19,300 円まで」と答えるでしょう．では，1 年後までの値をいくらと予想しますか? 上下 3,000 円の変動を予想するなら，「16,000 円から 22,000 円まで」と答えることになります．では，1 年と 1 日後までの変動はどうでしょうか．この予想値を出すのに，今日から 1 年後までに予想される変動幅と今日から 1 日後に予想される変動幅を足して，上下 3,300 円と答えるのは妥当でしょうか．現時点から見れば，1 年後までに予想される変動幅も 1 年+1 日後までに予想される変動幅も「ほとんど同じ」とするほうが感覚的には適切でしょう．このことは，時間の経過とともに変動幅の増加が緩やかになっていくことを示しており，数学的には $y = \sqrt{t}$ のグラフの形状と似ています．

---

[7] 確率ではありません

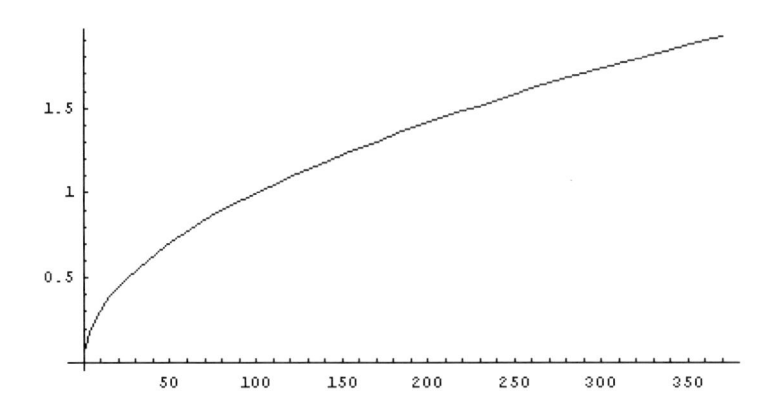

したがって，上昇率と下落率は時間の平方根に比例（比例定数を σ と表す）すると仮定して

$$\begin{cases} u - 1 = \sigma\sqrt{t} \\ d - 1 = -\sigma\sqrt{t} \end{cases}$$

とおきます．t が十分小さいときには

$$\begin{cases} u = 1 + \sigma\sqrt{t} \approx e^{\sigma\sqrt{t}} \\ d = 1 - \sigma\sqrt{t} \approx e^{-\sigma\sqrt{t}} \end{cases}$$

が成立します．そこで，u と d を次のようにおき直します．

$$u = e^{\sigma\sqrt{t}}, \qquad d = \frac{1}{u} = e^{-\sigma\sqrt{t}}. \tag{5.8}$$

ここで導入した比例定数 σ を**ボラティリティ** (volatility) と呼び，これまでの議論から推測される通り，原資産の予想変動率を表します．

例

現在の株価指数およびストライクを 19,000 円，無リスク金利を 3%，ボラティリティを 10%，1 期間を 3 ヶ月とするとき，満期が 6 ヶ月後（0.5 年後）に到来するコールオプションの価値はいくらか．

Δt, u, d, p_* は

```
In[16]:=  data = {T -> 1/2, n -> 2, s0 -> 19000,
              k -> 19000, r -> 0.03, σ -> 0.1};
```

```
In[17]:= Δt = T/n /. data
Out[17]= 1/4


In[18]:= u = Exp[ σ * Sqrt[ Δt ]] /. data
Out[18]= 1.05127


In[19]:= d = 1/u
Out[19]= 0.951229


In[20]:= p = (Exp[r * Δt ] - d)/(u - d) /. data
Out[20]= 0.562753
```

と計算されます．したがって，株価指数の分布は

```
In[21]:= Table[u^i * d^(j - i) * 19000, {j, 0, 2}, {i, 0, j}]
Out[21]= {{19000}, {18073.4, 19974.2},
         {17191.9, 19000., 20998.2}}
```

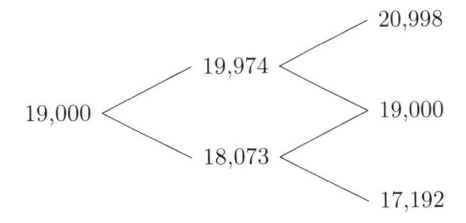

```
                        20,998
               19,974 <
    19,000 <           19,000
               18,073 <
                        17,192
```

となります．満期でのコールオプションのペイオフは $\max\{S_T - K, 0\}$ で与えられるので，価格の分布は次図のようになります．

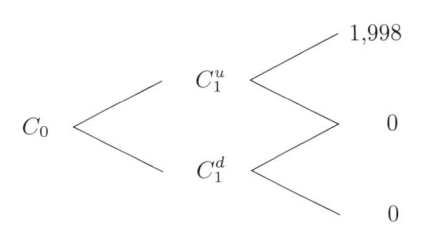

```
                    1,998
           C_1^u <
    C_0 <           0
           C_1^d <
                    0
```

ここで，C_1^u, C_1^d はそれぞれ 1 期間後に株価指数が上昇，下落したときのコールオプションの価格を表します．これらは (5.5) 式より

$$C_1^u = e^{-r\Delta t}\{\,p_* \times 1,998 + (1-p_*) \times 0\,\}$$

$$C_1^d = e^{-r\Delta t}\{\,p_* \times 0 + (1-p_*) \times 0\,\}$$

```
In[22]:=  c1u = Exp[-r Δt] * (p*1998 + (1 - p)*0) /. data
Out[22]=  1115.98

In[23]:=  c1d = Exp[-r Δt] * (p*0 + (1 - p)*0) /. data
Out[23]=  0
```

となります．同様にして C_0 は

$$C_0 = e^{-r\Delta t}\{\,p_* \cdot C_1^u + (1-p_*) \cdot C_1^d\,\}$$

```
In[24]:=  c0 = Exp[-r Δt] * (p*c1u + (1 - p)*c1d) /. data
Out[24]=  623.329
```

以上の手続きをプログラムにまとめると次のようになります．

```
In[25]:=  CRR[z_, s_, k_, t_, r_, v_, n_] :=
          Part[CRRBinomialTree[z, s, k, t, r, v, n], 1, 1]
```

```
In[26]:=  CRRBinomialTree[z_, s_, k_, t_, r_, v_, n_] :=
          Module[{dt, u, d, p, df, cp, i, j,
                  tree = opvalue ={}},
              If[z == "call", cp = 1, cp = -1];
              dt = t/n;   u = Exp[v*Sqrt[dt]];    d = 1/u;
              p = (Exp[r*dt] - d)/(u - d);    df = Exp[-r*dt];

              (* initial setting *)
              For[i = 0, i <= n, i++, opvalue = Append[opvalue,
                      Max[0, cp*(s*u^i*d^(n - i) - k)]]];
              tree = Append[tree, opvalue];
```

```
            (* backward induction *)
            For[j = n, j > 0, j--,
                opvalue = {};
                For[i = 1, i <= j, i++,
                    opvalue = Append[opvalue,
                            (p*Part[tree, 1, i + 1] +
                            (1 - p)*Part[tree, 1, i])*df] ];
                tree = Prepend[tree, opvalue] ];
            Return[tree]
        ]
```

CRR[z, s, k, t, r, v, n]	CRR モデルによるヨーロピアンオプションの価格.
CRRBinomialTree[z, s, k, t, r, v, n]	
	CRR モデルによる 2 項ツリーを表示する.
z	コールのとき "call", プットのとき "put" とする.
s	原資産の今の価格.
k	ストライク価格.
t	権利行使日までの年数.
r	無リスク金利.
v	ボラティリティ.
n	権利行使日までの期間の分割数.

84 ページの例のコールオプションは,上の関数 CRR を用いれば次のように計算されます.

```
In[27]:=  CRR["call", 19000, 19000, 1/2, 0.03, 0.1, 2]
Out[27]=  623.406
```

また,2 項ツリーの各ノードの値は次のようになります.

```
In[28]:=  CRRBinomialTree["call", 19000, 19000, 1/2, 0.03, 0.1, 2]
Out[28]=  {{623.406}, {0, 1116.12}, {0, 0, 1998.25}}
```

問 5.3.1
84 ページの例と同じ条件でプットオプションの価値を求めよ．

問 5.3.2
現在の株価指数，ストライク，無リスク金利，ボラティリティを 84 ページの例と同じ値とする．1 期間を 1 ヶ月とするとき，満期が 6 ヶ月後に到来するヨーロピアンコールオプションの価値と 2 項ツリーを求めよ．

問 5.3.3
現在の株価指数を 19,000 円，ストライクを 22,000 円，無リスク金利を 3%，1 期間を 1 ヶ月とする．このとき，以下の問に答えよ．

(1) ボラティリティを 10%とする．満期が 6 ヶ月後に到来するヨーロピアンコールオプションの価値を求めよ．

(2) ボラティリティを 15%とする．満期が 6 ヶ月後に到来するヨーロピアンコールオプションの価値を求めよ．

(3) 次の文章の ①, ②, ③ として適切な組み合わせはどれか．表から選べ．

(1) と (2) のオプションでは，(①) のほうが価値が高い．なぜならボラティリティの大きいほうが将来予想される変動が (②)，権利行使日にストライク価格を上回る可能性が (③) ためである．

	①	②	③
A	(1)	大きく	高い
B	(1)	大きく	低い
C	(1)	小さく	低い
D	(2)	小さく	高い
E	(2)	大きく	高い
F	(2)	大きく	低い

次に，CRR モデルによるオプション価格の特徴に触れておきましょう．期間の分割数 n を増やすとコールオプションの価格は一定の値に近づいていきます．実は $n \to \infty$ としたときの値は次章で紹介するブラック・ショールズ公式による価格と一致することが知られています．84 ページの例で確認します．

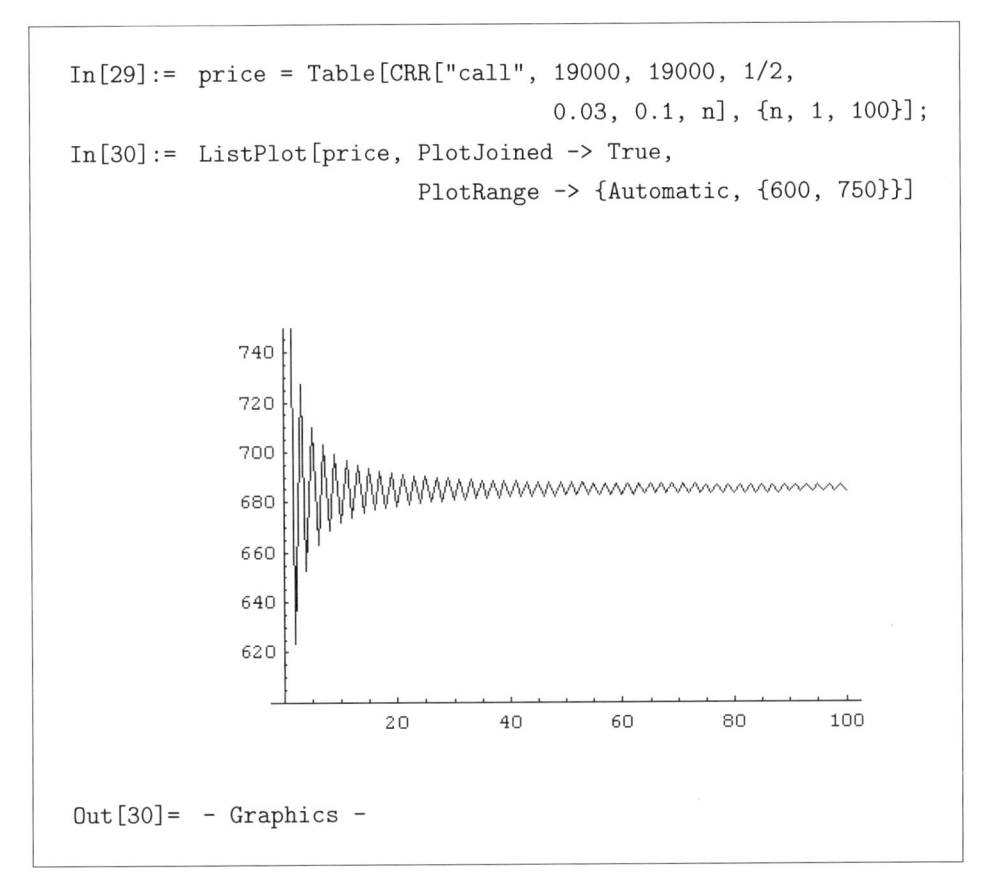

```
In[29]:=  price = Table[CRR["call", 19000, 19000, 1/2,
                            0.03, 0.1, n], {n, 1, 100}];
In[30]:=  ListPlot[price, PlotJoined -> True,
                   PlotRange -> {Automatic, {600, 750}}]




            740
            720
            700
            680
            660
            640
            620
                       20     40     60     80    100


Out[30]=  - Graphics -
```

また，オプションの価格は時間の経過とともに減少していきます（**タイム・ディケイ**，time decay）．これは，オプション満期までの時間が残り少なくなると，「満期にストライク価格を上回るかもしれない」という可能性が低くなってしまうためです．権利行使日までの残存期間の減少とともに，コール（プット）オプションの価値は**本源的価値**（intrinsic value）$\max\{S_t - K, 0\}$，（$\max\{K - S_t, 0\}$）に近づいていきます．オプションの価値から本源的価値を引いた値を**時間的価値**（time value）と呼びます．

次の例では，残存期間 2 年のコールオプションの価値（p1）と，残存期間 1 日のコールオプションの価値（p2）を比較しました．グラフの横軸は原資産価格を，縦軸はプレミアムを表しています．

```
In[31]:=  p1 = Plot[CRR["call", s, 19000, 2, 0.03, 0.1, 20],
                   {s, 15000, 23000}, PlotRange -> All,
```

```
                        DisplayFunction -> Identity];

In[32]:= p2 = Plot[CRR["call", s, 19000, 1/365, 0.03, 0.1, 20],
                   {s, 15000, 23000}, PlotRange -> All,
                   DisplayFunction -> Identity];

In[33]:= Show[p1, p2, DisplayFunction -> $DisplayFunction]
```

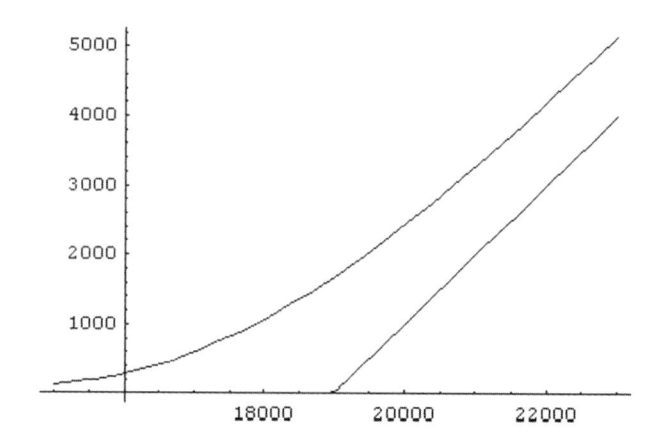

Out[33]= - Graphics -

問 5.3.4

ボラティリティが上昇した場合，オプション価格はどのように変化するか．

問 5.3.5

現在の株価を 20,000 円とする．上記コールオプション p1 の本源的価値と時間的価値をそれぞれ求めよ．

問 5.3.6

現在の株価を 18,000 円とする．上記コールオプション p1 の本源的価値と時間的価値をそれぞれ求めよ．

5.4 CRR モデルの拡張

前項で解説した CRR モデルは，配当のない株式に適用されるモデルでした．これを**通貨オプション** (currency options) に適用できるよう拡張します．通貨オプションモデルでは，原資産（通貨）が当該通貨に適用される金利で運用される点が株価指数オプションモデルと異なります．

たとえば，当初の為替レートを 1 ドル 100 円，ドル金利を 5%，1 年後に予想される為替レートを円高になる場合 95 円，円安になる場合 120 円とします．ドルを購入し，金利 5% で運用した場合の円ベースの価値は下図で表されます．

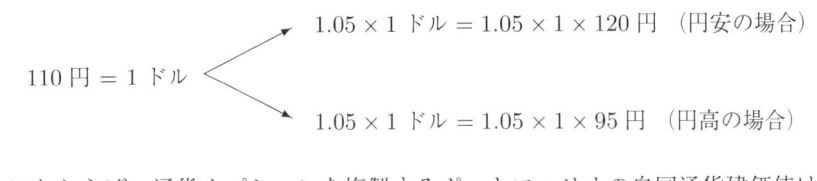

$$110\,\text{円} = 1\,\text{ドル} \begin{cases} 1.05 \times 1\,\text{ドル} = 1.05 \times 1 \times 120\,\text{円} & \text{（円安の場合）} \\ 1.05 \times 1\,\text{ドル} = 1.05 \times 1 \times 95\,\text{円} & \text{（円高の場合）} \end{cases}$$

これにならえば，通貨オプションを複製するポートフォリオの自国通貨建価値は次図のツリーでモデル化されます．ここで，外国通貨の無リスク金利を r_f，自国通貨の無リスク金利を r_d，当初の為替レートを S_0，自国通貨安・自国通貨高時の為替レートをそれぞれ uS_0, dS_0，ツリーの期間を Δt とします．a_0, b_0 は 78 ページで導入した記号と同じものです．

$$V_0(\phi) = a_0 S_0 + b_0 \begin{cases} a_0 e^{r_f \Delta t} u S_0 + e^{r_d \Delta t} b_0 & \text{（自国通貨安のケース）} \\ a_0 e^{r_f \Delta t} d S_0 + e^{r_d \Delta t} b_0 & \text{（自国通貨高のケース）} \end{cases}$$

したがって，CRR モデルにおいて，u, d をそれぞれ $e^{r_f \Delta t} u, e^{r_f \Delta t} d$ と読み替えることによって価格算出式を導くことができます．通貨オプション取引におけるリスク中立確率は，Out[8] より

$$p_* = \frac{-e^{r_d \Delta t} S_0 + e^{r_f \Delta t} d S_0}{e^{r_f \Delta t} d S_0 - e^{r_f \Delta t} u S_0} = \frac{e^{(r_d - r_f)\Delta t} - d}{u - d} \tag{5.9}$$

で与えられます．コールオプションの価値は (5.5) 式と同様に

$$C_0 = e^{-r_d \Delta t} E_{p_*}[C_{\Delta t}]$$

と表されます．また，(5.6) 式は

$$\begin{aligned} E_{p_*}[S_{\Delta t}] &= p_* \cdot u S_0 + (1 - p_*) \cdot d S_0 \\ &= e^{(r_d - r_f)\Delta t} S_0 \end{aligned}$$

```
In[34]:=  Clear[p]

In[35]:=  p = (Exp[(rd - rf)*t] - d)/(u - d);

In[36]:=  p*u*s0 + (1 - p)*d*s0 // Simplify
Out[36]=  e^(rd - rf) t s0
```

と計算されます．したがって，リスク中立確率 p_* の下で外国通貨を購入することによる期待収益率は，内外金利差に等しいことを意味します．

以上をプログラムに反映させるには，新たな変数 b を導入して，リスク中立確率の計算部分を次のように書き換えます．

```
CRRBinomialTree[ ... , r_, b_, ... ]
   =: Module[ {...},
              ...;
              p = (Exp[b*dt] - d) / (u - d);
              ... ]
```

ここで新たに導入した変数 b は**キャリーコスト項** (cost of carry term) と呼ばれ，原資産の種類に応じて次のように使い分けられます（下表参考）．

b	原資産
r_d	配当のない株式
$r_d - q$	連続配当 q のある株式
0	先物
$r_d - r_f$	通貨

ここで，r_d は国内金利，r_f は外国金利，q は株式（あるいは株価指数）の連続配当率を表します．

キャリーコスト項を導入した CRR モデルに基づくプログラムは以下のようになります．

```
In[37]:= Clear[CRR, CRRBinomialTree]
In[38]:= CRR[z_, s_, k_, t_, r_, b_, v_, n_] :=
         Part[CRRBinomialTree[z, s, k, t, r, b, v, n], 1, 1]
```

```
In[39]:= CRRBinomialTree[z_, s_, k_, t_, r_, b_, v_, n_] :=
         Module[{dt, u, d, p, df, cp, i, j,
                 tree = opvalue ={}},
             If[z == "call", cp = 1, cp = -1];
             dt = t/n;   u = Exp[v*Sqrt[dt]];   d = 1/u;
             p = (Exp[b*dt] - d)/(u - d);    df = Exp[-r*dt];

             (* initial setting *)
             For[i = 0, i <= n, i++, opvalue = Append[opvalue,
                     Max[0, cp*(s*u^i*d^(n - i) - k)]]];
             tree = Append[tree, opvalue];

             (* backward induction *)
             For[j = n, j > 0, j--,
                 opvalue = {};
                 For[i = 1, i <= j, i++,
                     opvalue = Append[opvalue,
                             (p*Part[tree, 1, i + 1] +
                             (1 - p)*Part[tree, 1, i])*df] ];
                 tree = Prepend[tree, opvalue] ];
             Return[tree]
         ]
```

経済紙あるいは情報端末等によると 2000 年 3 月 31 日の東京外為市場の指標は次のようになっていました．

円相場中心値	1 ドル = 105.85 円
通貨オプションボラティリティ（中心値）	
1 ヶ月	14.0%
3 ヶ月	14.1%

プレミアム（1 ドル=円，ヨーロピアンタイプ，K=106.15）		
円コール・ドルプット	買	売
1 ヶ月	1.84	2.15
3 ヶ月	3.69	4.08
円プット・ドルコール	買	売
1 ヶ月	1.28	1.53
3 ヶ月	2.10	2.41

円金利を 0.25%，ドル金利を 6.29%，ツリーの 1 期間を 2 日としたとき，CRR モデルを用いて算出されたプレミアム額はそれぞれ次のようになります．これらは，上表のオファー・ビッドのレンジ内に収まっているか，非常に近い値を示していることがわかります．

```
In[40]:=  rd = 0.0025;
In[41]:=  rf = 0.0629;
```

1 ヶ月ドルコール円プットのプレミアム
```
In[42]:=  CRR["call", 105.85, 106.15, 1/12, rd, rd-rf, 0.14, 15]
Out[42]=  1.34487
```

3 ヶ月ドルコール円プットのプレミアム
```
In[43]:=  CRR["call",105.85, 106.15, 1/4, rd, rd-rf, 0.141, 45]
Out[43]=  2.12218
```

1ヶ月ドルプット円コールのプレミアム
In[44]:= CRR["put", 105.85, 106.15, 1/12, rd, rd-rf, 0.14, 15]
Out[44]= 2.17614

3ヶ月ドルプット円コールのプレミアム
In[45]:= CRR["put", 105.85, 106.15, 1/4, rd, rd-rf, 0.141, 45]
Out[45]= 4.00733

第6章
オプション取引・応用編

　前章では，二項ツリーを用いたオプションの価格付けについて学習しました．前章で取扱ったオプションの価格付けは，オプションの評価日から満期までの期間を1ヶ月ごとあるいは半年ことなどの離散的な間隔に分割して議論されました．ツリーによるプライシングは理論的に平易かつ適用範囲が広いという利点がある反面，1期間の間隔を短くして精度を上げようとすると膨大な計算時間を要する欠点があります．

　本章では，ブラックとショールズによる連続時間でのデリバティブの価格付け理論を展開し，ブラック・ショールズ式（以下 BS 式）を導出して，それを用いたオプションの価格付けを学習します．BS 式は陽な形での解 (closed form solution, closed form formula) として求められ，計算時間もツリーによる方法に比べて大幅に改善されます．

6.1　ブラウン運動

　連続時間でのデリバティブの価格付けを行っていくには，まず最初に原資産の動きをモデル化する必要があります．現実の世界では，株価や為替などの動きは非常に微小な時間で観察すれば，区分的に定数で不連続なジャンプをします．しかしながら計算の都合上，株価や為替などの動きは不規則で連続であると見なします．

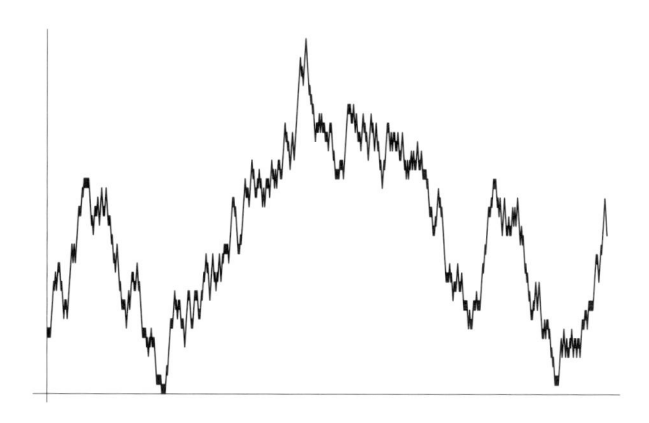

不規則かつ連続な動きを表現するための数学モデルは数多くありますが，その中で基本的かつ重要なのが**標準ブラウン運動** (standard brownian motion) です．ブラウン運動の名称は，1828 年に液体中の微小粒子の運動を観察したアイルランドの植物学者 Robert Brown に由来しています．ブラウン運動 W_t は，次の条件を満たす確率過程として定義されます．

① W_t のすべてのパスがほとんどいたるところで連続.
② $W_t - W_0$ は平均 0, 分散 t の正規分布 $N(0, t)$ に従う.
③ W_t は定常増分 (stationary increments) を持つ.
④ W_t は独立増分 (independent increments) を持つ.

W_t が定常増分を持つとは，$0 \leq s < t$ に対して，$W_t - W_s$ の分布が時刻差 $t - s$ のみに依存することを言います．また，W_t が独立増分を持つとは，$0 \leq t_0 < t_1 < \cdots < t_k$ に対して $W_{t_i} - W_{t_{i-1}}$ $(i = 1, \ldots, k)$ が互いに独立であることを意味します．

さて，微小時刻 Δt におけるブラウン運動の 2 乗の変動 $(\Delta W_t)^2 = (W_{t+\Delta t} - W_t)^2$ を考察しましょう．ΔW_t はブラウン運動の定義②より $N(0, \Delta t)$ に従うことから，$(\Delta W_t)^2$ の平均と分散は，次の計算によりそれぞれ $\Delta t, 2(\Delta t)^2$ となります．

```
In[1]:=   Needs["Statistics`NormalDistribution`"]
In[2]:=   ndist = NormalDistribution[0, √t ]
Out[2]=   NormalDistribution[0, √t ]

In[3]:=   m = ExpectedValue[w^2, ndist, w] // PowerExpand
Out[3]=   t

In[4]:=   ExpectedValue[(w^2 - m)^2, ndist, w] // PowerExpand
Out[4]=   2t^2
```

$\Delta t \to 0$ としたとき，分散はその微小時間に比べ無視できるほど小さくなり，

$$(\Delta W_t)^2 \to \Delta t \quad (\Delta t \to 0) \tag{6.1}$$

を得ます．

次に $\Delta W_t \Delta t$ の動きを考察してみましょう．$\Delta W_t \Delta t$ の平均と分散は次の計算よりそれぞれ $0, (\Delta t)^3$ と求められます．

```
In[5]:=    m = ExpectedValue[w*t, ndist, w] // PowerExpand
Out[5]=    0

In[6]:=    ExpectedValue[(w*t - m)^2, ndist, w] // PowerExpand
Out[6]=    t^3
```

上と同じ考え方により

$$\Delta W_t \cdot \Delta t \to 0 \qquad (\Delta t \to 0) \tag{6.2}$$

を得ます.

一般に, $(\Delta W_t)^n$ の平均と分散はそれぞれ時刻 t についての $n/2$ 次式, n 次式となります.

```
In[7]:=    pdf = PDF[ndist, x];
In[8]:=    m = Integrate[x^n*pdf, {x, -∞, ∞},
                    Assumptions -> {n > 0 && Re[t] > 0}] //
           PowerExpand;
In[9]:=    Exponent[m, t] // Simplify
Out[9]=    n/2

In[10]:=   s = Integrate[(x^n - m)^2 * pdf, {x, -∞, ∞},
                    Assumptions -> {n > 0 && Re[t] > 0}] //
           PowerExpand;
In[11]:=   Simplify[Exponent[s, t], n > 0]
Out[11]=   n
```

したがって

$$(\Delta W_t)^n \to 0 \qquad (\Delta t \to 0) \ , \quad n \geqq 3$$

を得ます.

6.2 伊藤の公式とギルサノフの定理

伊藤の公式とギルサノフの定理を容易に理解することはできないでしょうが，BS 式を導くには欠かすことができません．ここではそれらのエッセンスを取り出して紹介します．

伊藤の公式は，確率過程に従う変数を持つ関数の微分が，微積分学における微分の自然な拡張として与えられることを主張する式です．

$F(x,y)$ を，x, y を変数にもつ連続で微分可能な関数とすると，その微分（近似一次関数のことで，偏微分と区別するために全微分とも呼ばれます）は

$$dF(x,y) = \frac{\partial F(x,y)}{\partial x}dx + \frac{\partial F(x,y)}{\partial y}dy$$

と表されます．この式は，$F(x,y)$ を

$$\Delta F = \frac{\partial F}{\partial x}\Delta x + \frac{\partial F}{\partial y}\Delta y + \frac{1}{2}\frac{\partial^2 F}{\partial x^2}(\Delta x)^2 + \frac{\partial^2 F}{\partial x \partial y}\Delta x \Delta y + \frac{1}{2}\frac{\partial^2 F}{\partial y^2}(\Delta y)^2 + \cdots \tag{6.3}$$

とテイラー展開し，$(\Delta x, \Delta y) \to 0$ として 2 次以上の項を切り捨てたものと理解できます．次に，確率変数 X と時刻 t を変数にもつ関数 $G(X, t)$ について上と同様の微分を考えます．ただし，確率変数 X は

$$\Delta X = \mu \Delta t + \sigma \Delta W_t \tag{6.4}$$

に従うものとします．(6.3) 式と同様にテイラー展開すると

$$\Delta G = \frac{\partial G}{\partial X}\Delta X + \frac{\partial G}{\partial t}\Delta t + \frac{1}{2}\frac{\partial^2 G}{\partial X^2}(\Delta X)^2 + \frac{\partial^2 G}{\partial X \partial t}\Delta X \Delta t + \frac{1}{2}\frac{\partial^2 G}{\partial t^2}(\Delta t)^2 + \cdots$$

となります．ここで $\Delta t \to 0$ とし，(6.1), (6.2) を適用すると，

$$\begin{aligned}dG &= \frac{\partial G}{\partial X}(\mu\, dt + \sigma\, dW_t) + \frac{\partial G}{\partial t}dt + \frac{1}{2}\frac{\partial^2 G}{\partial X^2}\sigma^2\, dt \\ &= \left(\frac{\partial G}{\partial X}\mu + \frac{\partial G}{\partial t} + \frac{1}{2}\frac{\partial^2 G}{\partial X^2}\sigma^2\right)dt + \frac{\partial G}{\partial X}\sigma\, dW_t\end{aligned} \tag{6.5}$$

となります．(6.5) 式を**伊藤の公式** (Ito's rule) と呼びます．以上の手続きを *Mathematica* でプログラミングしたものが次の ItoRule です．

ItoRule[*f, t,* { *proc* },{ *bm* }]　　関数 *f* に伊藤の公式を適用し，*df* を求める．ただし，時間の変数を *t*，確率変数の従う過程を *proc*，ブラウン運動を *bm* とする．*t, proc, bm* は省略可能

```
In[12]:=  Clear[ItoRule]
In[13]:=  ItoRule[f_, t_:t, itoprocess_:{}, bm_:{}] :=
              Module[{v, r},
                 v = Complement[Variables[Level[f, {-1}]], {t}];
                 v = Join[{{t}},
                       Table[{v[[i]]}, {i, Length[v]}],
                       Flatten[ Table[{v[[i]],v[[j]]},
                             {i, Length[v]}, {j, Length[v]}], 1]];
                 r = Plus @@
                    Table[(1/Length[v[[i]]]!)*
                       (Times @@ Dt /@ v[[i]])*
                       (D[f, ##] & @@ v[[i]]), {i, Length[v]}];
                 Expand[r /. itoprocess]
                    /. Map[ Rule[#, 0] &, (Dt /@ bm)*Dt[t]]
                    /. Map[ Rule[#, Dt[t]] &, (Dt /@ bm)^2]
                   /. Dt[t]^2 -> 0
              ]
```

この関数を用い (6.5) を求めます．

```
In[14]:=  ItoRule[G[x, t], t,{Dt[x] -> a*Dt[t] + b*Dt[w]}, {w}]
Out[14]=  Dt[t] G^(0,1)[x,t] + aDt[t] G^(1,0)[x,t] +
             bDt[w] G^(1,0)[x,t] + 1/2 b^2 Dt[t] G^(2,0)[x,t]
```

dt の項でまとめて，

```
In[15]:= Collect[%, Dt[t], Factor]
Out[15]= b Dt[w] G^(1,0)[x,t] + 1/2 Dt[t] ( 2 G^(0,1)[x,t] +
         2 a G^(1,0)[x,t] + b^2 G^(2,0)[x,t])
```

=== 問 6.2.1

X_t を確率過程とするとき，$\log X_t$ に伊藤の公式を適用せよ．

=== 問 6.2.2

確率過程 X_t が，確率微分方程式

$$dX_t = \mu X_t dt + \sigma X_t dW_t$$

に従うとき，$\log X_t$ に伊藤の公式を適用せよ．

次にギルサノフの定理を紹介します．この定理は，もともと考えていた確率 P の世界でのブラウン運動 W^P と，P から導かれる別の確率 Q の世界でのブラウン運動 W^Q との関係式を与える定理です．

=== ギルサノフの定理

W_t^P $(t \in [0,T])$ を確率測度 P のもとでのブラウン運動，γ_t をある可積分関数とする．ここで，

$$D_t = \exp\left(-\int_0^t \gamma_s dW_s^P - \frac{1}{2}\int_0^t \gamma_s^2 ds\right)$$

とおく．このとき $dQ/dP = D_T$ は P と同値[1]な確率測度 Q を定め，$W_t^Q = W_t^P + \int_0^t \gamma_s ds$, $(t \in [0,T])$ が Q のもとでのブラウン運動となる．

---

[1] P と Q が同値であるとは，$P(A) > 0 \iff Q(A) > 0$ となることをいう．

原資産 S_t（配当のない株式）と無リスク資産（銀行預金，マネー・マーケット・アカウント）B_t の満たす過程をそれぞれ

$$\frac{dS_t}{S_t} = \mu\, dt + \sigma\, dW_t^P, \tag{6.6}$$

$$\frac{dB_t}{B_t} = r\, dt, \tag{6.7}$$

とします．ギルサノフの定理において $\gamma_t = (\mu - r)/\sigma$ とし[2]，$\tilde{S}_t = S_t/B_t$ とおくと[3]，次式が成立します（証明は参考文献 [4] に詳述されています）．

$$E_t^Q[\tilde{S}_T] = \tilde{S}_t, \tag{6.8}$$

$$\frac{dS_t}{S_t} = r\, dt + \sigma\, dW_t^Q. \tag{6.9}$$

また，時刻 t における派生証券の価値 V_t に対して

$$\frac{V_t}{B_t} = E_t^Q\left[\frac{V_T}{B_T}\right]$$

が成立します[4]．したがって

$$\begin{aligned} V_t &= B_t B_T^{-1} E_t^Q[V_T] \\ &= e^{-r(T-t)} E_t^Q[V_T]. \end{aligned} \tag{6.10}$$

(6.10) 式より，派生証券の価値 (fair value) は，満期での派生証券価格の確率 Q のもとでの条件付き期待値を現時点に割り引いたもの，として求められることになります．この (6.10) 式はオプション評価をする上での基礎となる**重要な式**です．

---

[2] このようにおいたときの Q はリスク中立確率と呼ばれます．81 ページを参照．
[3] 分母の資産を基準財 (Numéraire, ニューメレール) と呼びます．
[4] $E_t[\,\cdot\,]$ は時刻 t における条件付き期待値を表します．

6.3 プレーンバニラオプション

プレーンバニラ (plain vanilla) オプションは，前章で触れたスタンダードなオプションです．コールオプションの満期でのペイオフは $C_T = (S_T - K)^+$ と表されるので，(6.10) 式より，現時点 $t = 0$ での価値 C_0 は

$$C_0 = e^{-rT} E_0^Q [(S_T - K)^+]. \tag{6.11}$$

(6.11) 式の期待値の部分は次のように分割して書くことができます．

$$\begin{aligned} E_0^Q[(S_T-K)^+] &= E_0^Q[(S_T-K)\cdot 1_{\{S_T>K\}}] \\ &= E_0^Q[S_T \cdot 1_{\{S_T>K\}}] - K \cdot E_0^Q[1_{\{S_T>K\}}] \\ &= E_0^Q[S_T \cdot 1_{\{S_T>K\}}] - K \cdot Q[S_T > K] \end{aligned} \tag{6.12}$$

まず，(6.12) 式の第二項を求めます．(6.9) 式に伊藤の公式を適用すると

$$d \log S_t = \left(r - \frac{1}{2}\sigma^2 \right) dt + \sigma\, dW_t^Q.$$

両辺を 0 から T まで積分して ($W_0 = 0$ と仮定)

$$\log S_T - \log S_0 = \left(r - \frac{1}{2}\sigma^2 \right) T + \sigma W_T^Q. \tag{6.13}$$

を得ます．したがって，$N(\cdot)$ を標準正規分布の累積分布関数とすると，(6.12) 式右辺第二項は

$$\begin{aligned} K \cdot Q[S_T > K] &= K \cdot Q[\log S_T > \log K] \\ &= K \cdot N\left(\frac{\log(S_0/K) + \left(r - \frac{1}{2}\sigma^2\right)T}{\sigma \sqrt{T}} \right) \end{aligned}$$

と表されます．

次に，(6.12) 式の第一項を求めます．ギルサノフの定理において $\gamma_t = -\sigma$ とし，$\tilde{P}$ を

$$\begin{aligned} \frac{d\tilde{P}}{dQ} &= \exp\left(-\int_0^T (-\sigma)\, dW_s^Q - \frac{1}{2}\int_0^T (-\sigma)^2\, ds \right) \\ &= \exp\left(\sigma W_T^Q - \frac{1}{2}\sigma^2 T \right) \\ &= \exp\left\{ \log \frac{S_T}{S_0} - rT \right\} \\ &= e^{-rT} \frac{S_T}{S_0} \end{aligned}$$

によって定まる確率測度とします．$\tilde{P}$ のもとでは，ギルサノフの定理から $W_t^{\tilde{P}} = W_t^Q + \int_0^t (-\sigma)\, ds = W_t^Q - \sigma t$ がブラウン運動となることから，(6.13) 式を次のように書き直すことができます．

$$\begin{aligned}\log S_T - \log S_0 &= \left(r + \frac{1}{2}\sigma^2\right)T + \sigma\left(W_T^Q - \sigma T\right) \\ &= \left(r + \frac{1}{2}\sigma^2\right)T + \sigma W_T^{\tilde{P}}.\end{aligned}$$

これらより

$$\begin{aligned}E_0^Q[S_T \cdot 1_{\{S_T > K\}}] &= e^{rT} S_0 E_0^{\tilde{P}}[1_{\{S_T > K\}}] \\ &= e^{rT} S_0 \tilde{P}[S_T > K] \\ &= e^{rT} S_0 \tilde{P}[\log S_T > \log K] \\ &= e^{rT} S_0 N\left(\frac{\log(S_0/K) + \left(r + \frac{1}{2}\sigma^2\right)T}{\sigma\sqrt{T}}\right).\end{aligned} \quad (6.14)$$

を得ます．

よって，コールオプションの価値 C_0 は

$$C_0 = S_0 N(d_1) - e^{-rT} K N(d_2). \quad (6.15)$$

ここで，

$$d_1 = \frac{\log(S_0/K) + \left(r + \frac{1}{2}\sigma^2\right)T}{\sigma\sqrt{T}}, \quad d_2 = d_1 - \sigma\sqrt{T}.$$

プットオプションの現在価値 P_0 についても同様の計算により

$$P_0 = e^{-rT} K N(-d_2) - S_0 N(-d_1)$$

となります．これらの式を **BS 式**（ブラック・ショールズ式）と呼びます．コールオプションとプットオプションの現在価値の間には**プットコールパリティ** (put-call parity)

$$C_0 - P_0 = S_0 - e^{-rT} K \quad (6.16)$$

が成立します．

BSCall[s, k, t, r, v]	BS モデルによるコールオプションの価格．
BSPut[s, k, t, r, v]	BS モデルによるプットオプションの価格．
s	原資産の今の価格．
k	ストライク価格．
t	権利行使日までの年数．
r	無リスク金利．
v	ボラティリティ．

```
In[16]:=  Clear[BSCall, BSPut]
```

```
In[17]:=  CNDist[x_] := (1/2)(1 + Erf[N[x/Sqrt[2]]])

In[18]:=  BSCall[s_, k_, t_, r_, v_] :=
            Module[{d1, d2},
              d1 = (Log[s/k] + (r + v^2/2)*t)/(v*Sqrt[t]);
              d2 = d1 - v*Sqrt[t];
              s*CNDist[d1] - k*Exp[-r*t]*CNDist[d2]
            ]

In[19]:=  BSPut[s_, k_, t_, r_, v_] :=
            BSCall[s, k, t, r, v] - s + Exp[-r*t] * k
```

84 ページの例と同条件の下で BS 式によるコールオプションの価値は次のようにして求められます．

```
In[20]:=  BSCall[19000, 19000, 1/2, 0.03, 0.1]
Out[20]=  685.233
```

問 6.3.1

(6.16) 式が成り立つことを示せ．

問 6.3.2

84 ページの例と同条件の下で BS 式によるプットオプションの価値を求め，問 5.3.1 の答と値を比較せよ．

6.4 通貨オプション

6.3 では，配当のない株式を原資産とする場合の議論を行いました．次に，原資産が通貨の（すなわちドル円為替レートのような為替レートが指数となる）場合を考えましょう．BS モデルを拡張したヨーロピアン通貨オプション評価式はガーマン (M.B.Garman) とコールハーゲン (S.W.Kohlhagen) らによって 1983 年に発表され，Garman-Kohlhagen モデル (1983) と呼ばれています．

スポット価格とストライク価格をそれぞれ自国通貨建で S_t および K，オプション満期を T，外国通貨の自国通貨表示によるボラティリティを σ，オプション期間に対応する自国通貨金利，外国通貨金利をそれぞれ r および r_f とします．

為替レート S_t は

$$\frac{dS_t}{S_t} = \mu\, dt + \sigma\, dW^Q \tag{6.17}$$

に従うものとします．ここで μ はドリフトを，W^Q は自国の投資家にとってのリスク中立測度を表すものとします．ところで外国の無リスク資産は，どの投資家から見ても

$$\frac{dB_t}{B_t} = r_f\, dt$$

に従います．また自国の投資家から見ると，外債への投資はリスク中立測度 W^Q のもとで

$$\frac{d(S_t B_t)}{S_t B_t} = r\, dt + \sigma_{SB}\, dW^Q \tag{6.18}$$

と表されます（σ_{SB} は外債の自国通貨表示によるボラティリティ）．一方，伊藤の公式より

$$\begin{aligned}\frac{d(S_t B_t)}{S_t B_t} &= \frac{dS_t}{S_t} + \frac{dB_t}{B_t} + \frac{dB_t}{B_t}\frac{dS_t}{S_t} \\ &= \mu\, dt + \sigma\, dW^Q + r_f\, dt \\ &= (\mu + r_f)\, dt + \sigma\, dW^Q\end{aligned} \tag{6.19}$$

を導くことができます．(6.18), (6.19) 式の dt の項を比べて

$$\mu = r - r_f$$

が成立します．これを (6.17) 式に代入して

$$\frac{dS_t}{S_t} = (r - r_f)\, dt + \sigma\, dW^Q.$$

$b = r - r_f$ とおけば，(6.15) 式を導いたのと同じ手続きにより，次の (6.20), (6.21) 式を得ます．

$$\text{call} = S_0 e^{(b-r)T} N(d_1^*) - K e^{-rT} N(d_2^*), \tag{6.20}$$

$$\text{put} = K e^{-rT} N(-d_2^*) - S_0 e^{(b-r)T} N(-d_1^*). \tag{6.21}$$

ここで，

$$d_1^* = \frac{\log(S_0/K) + \left(b + \frac{1}{2}\sigma^2\right)T}{\sigma\sqrt{T}}, \qquad d_2^* = d_1^* - \sigma\sqrt{T}.$$

項 b はキャリーコスト項[5]と呼ばれ，b の値を次表のようにおくことで，通貨オプション以外のオプション評価にも対応可能となります．

b	原資産	モデル名
r	配当のない株式	Black - Scholes
$r - q$	連続配当 q のある株式	Merton
0	先物	Black 76
$r - r_f$	通貨	Garman - Kohlhagen

キャリーコスト項 b を導入してプログラム BSCall, BSPut を書き直します．

BSCall[s, k, t, r, b, v]　　BS モデルによるコールオプションの価格．
　BSPut[s, k, t, r, b, v]　　BS モデルによるプットオプションの価格．
　　　　　　s　原資産の今の価格．
　　　　　　k　ストライク価格．
　　　　　　t　権利行使日までの年数．
　　　　　　r　無リスク金利．
　　　　　　b　キャリーコスト．
　　　　　　v　ボラティリティ．

---

[5] 92 ページ参照

```
In[21]:= Clear[BSCall, BSPut]
```

```
In[22]:= BSCall[s_, k_, t_, r_, b_, v_] :=
         Module[{d1, d2},
            d1 = (Log[s/k] + (b + v^2/2)*t)/(v*Sqrt[t]);
            d2 = d1 - v*Sqrt[t];
            Exp[(b-r)*t]*s*CNDist[d1] - k*Exp[-r*t]*CNDist[d2]
         ]

In[23]:= BSPut[s_, k_, t_, r_, b_, v_] :=
         BSCall[s, k, t, r, b, v]
              - Exp[-(r-b)*t] * s + Exp[-r*t] * k
```

94 ページの例を用い BS 式によるオプションプレミアムを求めてみます．

```
1ヶ月ドルコール円プットのプレミアム
In[24]:= BSCall[105.85, 106.15, 1/12,
                   0.0025, 0.0025 - 0.0629, 0.14]
Out[24]= 1.32081
```

```
3ヶ月ドルコール円プットのプレミアム
In[25]:= BSCall[105.85, 106.15, 1/4,
                   0.0025, 0.00136 - 0.0629, 0.141]
Out[25]= 2.10902
```

```
1ヶ月ドルプット円コールのプレミアム
In[26]:= BSPut[105.85, 106.15, 1/12,
                  0.0025, 0.00136 - 0.0629, 0.14]
Out[26]= 2.15208
```

```
3ヶ月ドルプット円コールのプレミアム
In[27]:=  BSPut[105.85, 106.15, 1/4,
                 0.0025, 0.00136 - 0.0629, 0.141]
Out[27]= 3.99417
```

6.5 デジタルオプション

6.5.1 Cash-or-Nothing

ヨーロピアンデジタルオプション (digital option, バイナリーオプション (binary option) とも呼ばれます) は，オプション満期に原資産価格がストライク価格を超えるときに 1 円の支払われるオプションです．すなわち，満期でのペイオフ X が

$$X = 1_{\{S_T > K\}}$$

と表されるオプションです．ペイオフの性質から cash-or-nothing オプションとも呼ばれています．

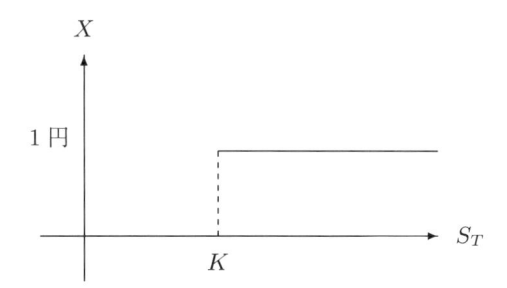

このオプションの現在価値もバニラオプションと同様に (6.10) 式を用いて得られます．

$$\begin{aligned} \text{call} &= e^{-rT} E_0^Q [1_{\{S_T > K\}}] \\ &= e^{-rT} Q[S_T > K] \\ &= e^{-rT} N(d_2). \end{aligned} \tag{6.22}$$

BS 式ではオプションのプレミアムを，ストライク価格の実現する期待値と，満期での原資産価格が実現する期待値との差を計算していたのに対して，デジタルオプションはそのストライク価格が実現する期待値の部分，すなわち (6.15) の第二項を取り出したものであることが (6.22) より分かります．

プットオプションは，オプション満期に原資産価格がストライク価格を超えていなければ 1 円の支払われるオプションです．満期でのペイオフ X が

$$X = 1_{\{S_T < K\}} = 1 - 1_{\{S_T > K\}}$$

で与えられることから，

$$\text{put} = e^{-rT}(1 - N(d_2)) = e^{-rT} N(-d_2).$$

キャリーコスト項 b を導入した場合,コールオプションとプットオプションの価値はそれぞれ次式で与えられます.

$$\begin{aligned} \text{call} &= e^{-rT} N(d_2^*), \\ \text{put} &= e^{-rT} N(-d_2^*). \end{aligned}$$

```
DigitalCall[ s, k, t, r, b, v ]    デジタルコールオプションの価格.
DigitalPut[ s, k, t, r, b, v ]     デジタルプットオプションの価格.
                                   (記号はプレーンバニラの場合と同じ)
```

```
In[28]:= Clear[DigitalCall, DigitalPut]
```

```
In[29]:= DigitalCall[s_, k_, t_, r_, b_, v_] :=
         Module[{d},
             d = (Log[s/k] + (b - v^2/2)*t)/(v*Sqrt[t]);
             Exp[-r*t] * CNDist[d]
         ]
```

```
In[30]:= DigitalPut[s_, k_, t_, r_, b_, v_] :=
         Module[{d},
             d = (Log[s/k] + (b - v^2/2)*t)/(v*Sqrt[t]);
             Exp[-r*t] * CNDist[-d]
         ]
```

6.5.2 Asset-or-Nothing

asset-or-nothing コールオプションは，オプション満期に原資産価格がストライク価格を上回っているときに原資産一単位を受け取り，それ以外の場合には受け取りの発生しないオプションです．

$$X = 1_{\{S_T > K\}} = \begin{cases} S_T & (S_T > K) \\ 0 & (S_T \leq K) \end{cases}$$

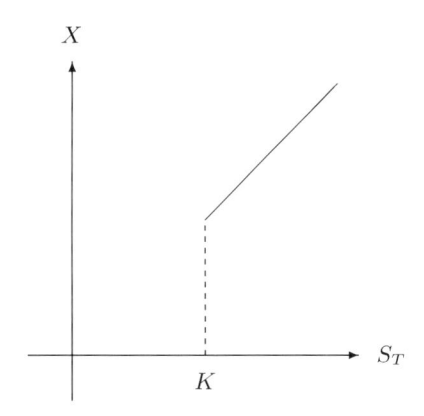

コールオプションの価値は (6.10) 式を用いて，

$$\text{call} = e^{-rT} E_0^Q [1_{\{S_T > K\}}].$$

右辺は (6.14) 式の第一項に e^{-rT} をかけたものに等しく，

$$\text{call} = S_0 N(d_1)$$

となります．

プットオプションは，オプション満期に原資産価格がストライク価格を下回っているときに原資産一単位を受け取り，それ以外の場合には受け取りの発生しないオプションです．コールオプションの場合と同様にして価値は，

$$\text{put} = S_0 N(-d_1)$$

で与えられます．

asset-or-nothing オプションのコールとプットの両方をロング[6]にすることは，満期 T に原資産を 1 単位受け取ることに等しく，この組み合わせは先渡 (フォワード)[7]と同じ価格となります．また，ストライク価格 K の asset-or-nothing コールオプション 1 単位

---

[6] ロングとは買い持ちを指す用語です．売り持ちはショートあるいはショートセルと呼ばれます．
[7] 将来の取引を前もって約束しておく

のロングとストライク価格 K のデジタルコール (cash-or-nothing) オプション K 単位のショートは，ストライク価格 K のプレーンバニラコールオプションのロングと等しくなります．

キャリーコスト項 b を導入した場合，コールオプションとプットオプションの価値はそれぞれ次式で与えられます．

$$\begin{aligned} \text{call} &= S_0 e^{(b-r)T} N(d_1^*), \\ \text{put} &= S_0 e^{(b-r)T} N(-d_1^*). \end{aligned}$$

AssetOrNothingCall[s, k, t, r, b, v]　　コールオプションの価格．
AssetOrNothingPut[s, k, t, r, b, v]　　プットオプションの価格．
　　　　　　　　　　　　　　　　　　　　　（記号はプレーンバニラの場合と同じ）

```
In[31]:= AssetOrNothingCall[s_, k_, t_, r_, b_, v_] :=
         Module[{d},
             d = (Log[s/k] + (b + v^2/2)*t)/(v*Sqrt[t]);
             s*Exp[(b - r)*t] * CNDist[d]
         ]
```

```
In[32]:= AssetOrNothingPut[s_, k_, t_, r_, b_, v_] :=
         Module[{d},
             d = (Log[s/k] + (b + v^2/2)*t)/(v*Sqrt[t]);
             s*Exp[(b - r)*t]*CNDist[-d]
         ]
```

問 6.5.1

デジタル (cash-or-nothing) オプションと asset-or-nothing オプションを組み合わせて，プレーンバニラオプションのプットを作れ．

6.6 オプションの利用法 ― 外貨預金への組み込み ―

外貨預金は，近年の日本の超低金利と外国の高金利との金利差や，リスクに見合ったリターンを得られる商品を求める顧客のニーズを背景に，個人の富裕層を中心に注目を浴びています．

外貨預金の特徴には

① 円預金より高金利の外貨預金があればそれで運用できること
② 満期日の為替レートが預入時に比べ円安のときには為替差益を得られること
③ 満期日の為替レートが預入時に比べ大幅に円高のときには為替差損を被り，円ベースでは元本割れも起こり得ること

などが挙げられます．これら外貨預金の持つリターンとリスクを顧客ニーズに応じて変化させるのが通貨オプションであり，都銀各行，外銀を中心に通貨オプションを組み込んだ様々な商品が開発されています．オプション付外貨預金は当初外銀を中心に取扱が行われてきましたが邦銀も精力的に開発を行い，商品ラインナップの充実を図っています．以下では①の高金利をより追求したスキームと，②の為替差益を追求したスキームをそれぞれ一つずつ紹介し，それに含まれるオプションの役割について説明を行います．

6.6.1 高金利追求型

海外の高金利をより追求したスキームの一つとして紹介するのが，通常の外貨定期預金（以下では米ドル預金を仮定）と，外貨預金の元利金に見合うドルコール円プットのプレーンバニラヨーロピアンオプションの売却を組み合わせたスキームです．オプションの行使レートが外貨定期預入時の為替レートより円安ドル高水準に設定され，行使レートを上回る円安ドル高による為替差益を放棄することの対価として，オプションプレミアム分だけ高い金利を受け取ることができる仕組となっています．

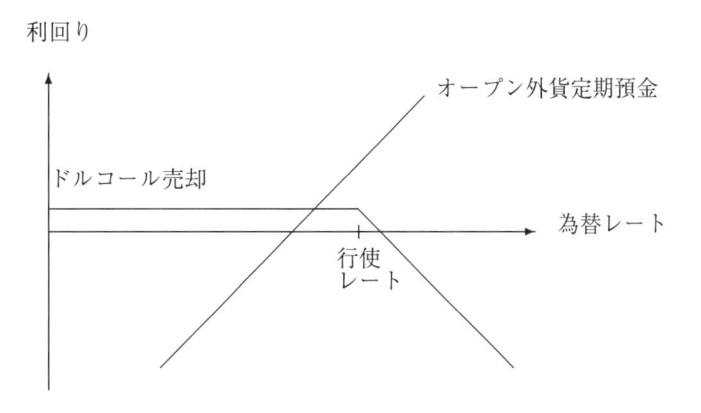

これらを合成して

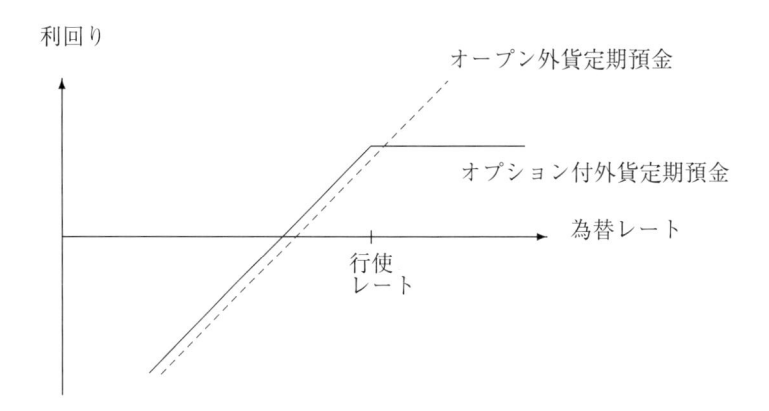

利回り／為替レート のグラフ（オープン外貨定期預金、オプション付外貨定期預金、行使レート）

満期での為替レートが行使レートより円安ドル高になった場合は，オプションが行使され，外貨預金は行使レートで円転されて円で満期となります．行使レートより円高ドル安の場合にはオプションは行使されず外貨預金はドルで満期となります．

例

次の条件のときオプション売却による円ベースの金利上乗せ分 (A/365) はいくらになるか（手数料・税金は考えないことにする）．

米ドル外貨定期預金預入金額	USD 100,000
米ドル外貨定期預金利率	4%
預入時為替相場	106（円/ドル）
預入期間	90 日 (A/360)
行使レート	110（円/ドル）
オプションの条件	$\sigma = 14\%$
	$r = 0.14\%$
	$r_f = 6.29\%$

外貨定期預金の 90 日後の元利金（米ドル）は USD 101,000．

```
In[33]:=  rate = 4.0/100;
In[34]:=  term = 90/360;
In[35]:=  100000*(1 + rate * term)
Out[35]=  101000
```

1ドルあたりのオプションプレミアムは1円82銭.

```
In[36]:=  r = 0.0014;
In[37]:=  rf = 0.0014 - 0.0629;
In[38]:=  BSCall[106, 110, term, r, rf, 0.14]
Out[38]=  0.985201
```

USD 101,000分のオプションを売却するので,プレミアム受取額は

```
In[39]:=  101000*0.985201
Out[39]=  99505.3
```

円ベースの利回りに直すと,約3.81%の利回りアップとなります.ただし,手数料等のコストは考慮していません.

```
In[40]:=  amount = 100000*106.0;
In[41]:=  99505/(term*360/365*amount)*100
Out[41]=  3.80706
```

6.6.2 為替差益追求型

為替差益を積極的に追求するスキームの一つとしてデジタルオプションを組み入れたものを紹介します．ここで紹介するオプション付外貨定期預金の特徴は，外貨預金の元利金の日本円への転換レート（以下，円転レートと呼ぶ）を円安ドル高の水準にあらかじめ設定しておき，オプションが行使されたときには，そのときの為替相場によらずその円転レートが適用されるという点です．

通常の外貨定期預金に，① 外貨預金の元利金 × (円転レート) に見合うデジタルドルコール円プットオプションの購入，② 外貨預金の元利金に見合う asset-or-nothing ドルコール円プットオプションの売却を組み合わせます．オプションの行使レートは預入時の為替レートより円安ドル高水準に設定されます．それぞれのレートには

(預入時のレート) < (オプション行使レート) < (円転レート)

という関係があります．

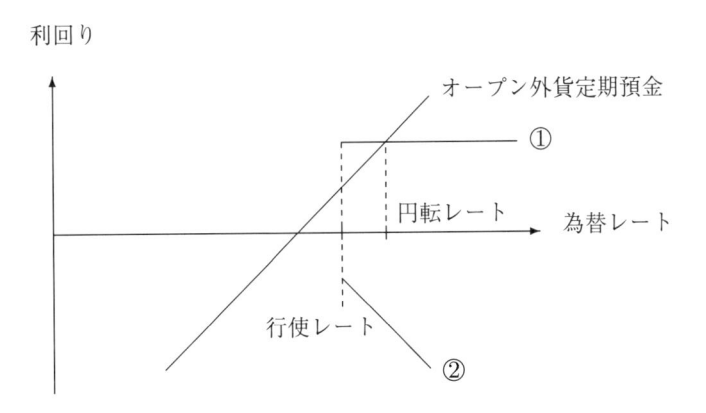

[図: オープン外貨定期預金とオプション①②の利回りグラフ]

これらを合成して

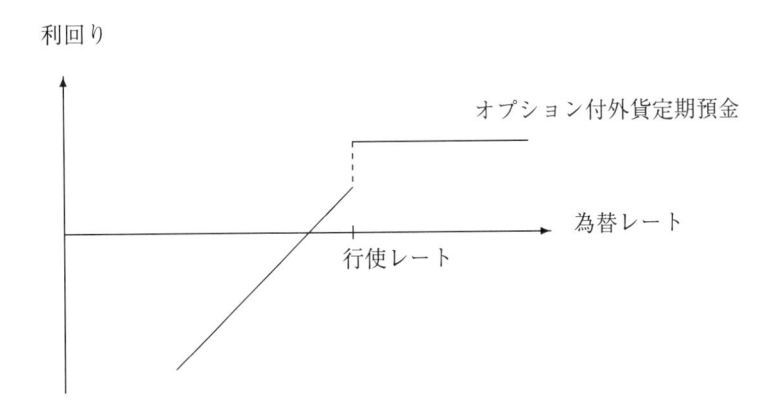

[図: オプション付外貨定期預金の利回りグラフ]

満期時の為替相場が行使レートより円安ドル高となった場合，①のオプションの行使により，外貨預金の元利金を当初設定された円転レートで評価したのと同額の日本円が手元に残ります．一方，②のオプションが行使されることにより，外貨預金の元利金は②のオプションと相殺されてしまいます．満期時の為替相場が行使レートより円高ドル安の場合にはオプションが放棄され，外貨預金はドルのまま満期を迎えます．

オプションを購入するだけでは当初にプレミアム分のコストを支払う必要があります．オプションの売却を組み合わせることによって当初支払コストをゼロにすることをゼロコスト化と言います．高金利追求型外貨定期預金と同条件で，オプションがゼロコストとなるような円転レートを求めてみましょう．オプション①とオプション②がゼロコストとなるとき

(元利金) × (円転レート) × (①のプレミアム) = (元利金) × (②のプレミアム).

したがって

(円転レート) = (②のプレミアム) ÷ (①のプレミアム).

```
In[42]:= AssetOrNothingCall[106, 110, term, r, rf, 0.14]/
         DigitalCall[106, 110, term, r, rf, 0.14]
Out[42]= 114.551
```

　これは満期時の為替レートが110円以上であれば114.551円で円転できることを示しています.

　先ほどの高金利追求型預金と同様に，この114.551円はあくまでも理論値であり実際には手数料等を考慮する必要があります.

付録A

カレンダー

2000

1
Sun	Mon	Tue	Wed	Thr	Fri	Sat
						1
2	3	4	5	6	7	8
9	10	11	12	13	14	15
16	17	18	19	20	21	22
23	24	25	26	27	28	29
30	31					

2
Sun	Mon	Tue	Wed	Thr	Fri	Sat
		1	2	3	4	5
6	7	8	9	10	11	12
13	14	15	16	17	18	19
20	21	22	23	24	25	26
27	28	29				

3
Sun	Mon	Tue	Wed	Thr	Fri	Sat
			1	2	3	4
5	6	7	8	9	10	11
12	13	14	15	16	17	18
19	20	21	22	23	24	25
26	27	28	29	30	31	

4
Sun	Mon	Tue	Wed	Thr	Fri	Sat
						1
2	3	4	5	6	7	8
9	10	11	12	13	14	15
16	17	18	19	20	21	22
23	24	25	26	27	28	29
30						

5
Sun	Mon	Tue	Wed	Thr	Fri	Sat
	1	2	3	4	5	6
7	8	9	10	11	12	13
14	15	16	17	18	19	20
21	22	23	24	25	26	27
28	29	30	31			

6
Sun	Mon	Tue	Wed	Thr	Fri	Sat
				1	2	3
4	5	6	7	8	9	10
11	12	13	14	15	16	17
18	19	20	21	22	23	24
25	26	27	28	29	30	

7
Sun	Mon	Tue	Wed	Thr	Fri	Sat
						1
2	3	4	5	6	7	8
9	10	11	12	13	14	15
16	17	18	19	20	21	22
23	24	25	26	27	28	29
30	31					

8
Sun	Mon	Tue	Wed	Thr	Fri	Sat
		1	2	3	4	5
6	7	8	9	10	11	12
13	14	15	16	17	18	19
20	21	22	23	24	25	26
27	28	29	30	31		

9
Sun	Mon	Tue	Wed	Thr	Fri	Sat
					1	2
3	4	5	6	7	8	9
10	11	12	13	14	15	16
17	18	19	20	21	22	23
24	25	26	27	28	29	30

10
Sun	Mon	Tue	Wed	Thr	Fri	Sat
1	2	3	4	5	6	7
8	9	10	11	12	13	14
15	16	17	18	19	20	21
22	23	24	25	26	27	28
29	30	31				

11
Sun	Mon	Tue	Wed	Thr	Fri	Sat
			1	2	3	4
5	6	7	8	9	10	11
12	13	14	15	16	17	18
19	20	21	22	23	24	25
26	27	28	29	30		

12
Sun	Mon	Tue	Wed	Thr	Fri	Sat
					1	2
3	4	5	6	7	8	9
10	11	12	13	14	15	16
17	18	19	20	21	22	23
24	25	26	27	28	29	30
31						

2001

1
Sun	Mon	Tue	Wed	Thu	Fri	Sat
	1	2	3	4	5	6
7	8	9	10	11	12	13
14	15	16	17	18	19	20
21	22	23	24	25	26	27
28	29	30	31			

2
Sun	Mon	Tue	Wed	Thu	Fri	Sat
				1	2	3
4	5	6	7	8	9	10
11	12	13	14	15	16	17
18	19	20	21	22	23	24
25	26	27	28			

3
Sun	Mon	Tue	Wed	Thu	Fri	Sat
				1	2	3
4	5	6	7	8	9	10
11	12	13	14	15	16	17
18	19	20	21	22	23	24
25	26	27	28	29	30	31

4

Sun	Mon	Tue	Wed	Thu	Fri	Sat
1	2	3	4	5	6	7
8	9	10	11	12	13	14
15	16	17	18	19	20	21
22	23	24	25	26	27	28
29	30					

5

Sun	Mon	Tue	Wed	Thu	Fri	Sat
		1	2	3	4	5
6	7	8	9	10	11	12
13	14	15	16	17	18	19
20	21	22	23	24	25	26
27	28	29	30	31		

6

Sun	Mon	Tue	Wed	Thu	Fri	Sat
					1	2
3	4	5	6	7	8	9
10	11	12	13	14	15	16
17	18	19	20	21	22	23
24	25	26	27	28	29	30

7

Sun	Mon	Tue	Wed	Thu	Fri	Sat
1	2	3	4	5	6	7
8	9	10	11	12	13	14
15	16	17	18	19	20	21
22	23	24	25	26	27	28
29	30	31				

8

Sun	Mon	Tue	Wed	Thu	Fri	Sat
			1	2	3	4
5	6	7	8	9	10	11
12	13	14	15	16	17	18
19	20	21	22	23	24	25
26	27	28	29	30	31	

9

Sun	Mon	Tue	Wed	Thu	Fri	Sat
						1
2	3	4	5	6	7	8
9	10	11	12	13	14	15
16	17	18	19	20	21	22
23	24	25	26	27	28	29
30						

10

Sun	Mon	Tue	Wed	Thu	Fri	Sat
	1	2	3	4	5	6
7	8	9	10	11	12	13
14	15	16	17	18	19	20
21	22	23	24	25	26	27
28	29	30	31			

11

Sun	Mon	Tue	Wed	Thu	Fri	Sat
				1	2	3
4	5	6	7	8	9	10
11	12	13	14	15	16	17
18	19	20	21	22	23	24
25	26	27	28	29	30	

12

Sun	Mon	Tue	Wed	Thu	Fri	Sat
						1
2	3	4	5	6	7	8
9	10	11	12	13	14	15
16	17	18	19	20	21	22
23	24	25	26	27	28	29
30	31					

2002

1

Sun	Mon	Tue	Wed	Thu	Fri	Sat
		1	2	3	4	5
6	7	8	9	10	11	12
13	14	15	16	17	18	19
20	21	22	23	24	25	26
27	28	29	30	31		

2

Sun	Mon	Tue	Wed	Thu	Fri	Sat
					1	2
3	4	5	6	7	8	9
10	11	12	13	14	15	16
17	18	19	20	21	22	23
24	25	26	27	28		

3

Sun	Mon	Tue	Wed	Thu	Fri	Sat
					1	2
3	4	5	6	7	8	9
10	11	12	13	14	15	16
17	18	19	20	21	22	23
24	25	26	27	28	29	30
31						

4

Sun	Mon	Tue	Wed	Thu	Fri	Sat
	1	2	3	4	5	6
7	8	9	10	11	12	13
14	15	16	17	18	19	20
21	22	23	24	25	26	27
28	29	30				

5

Sun	Mon	Tue	Wed	Thu	Fri	Sat
			1	2	3	4
5	6	7	8	9	10	11
12	13	14	15	16	17	18
19	20	21	22	23	24	25
26	27	28	29	30	31	

6

Sun	Mon	Tue	Wed	Thu	Fri	Sat
						1
2	3	4	5	6	7	8
9	10	11	12	13	14	15
16	17	18	19	20	21	22
23	24	25	26	27	28	29
30						

7

Sun	Mon	Tue	Wed	Thu	Fri	Sat
	1	2	3	4	5	6
7	8	9	10	11	12	13
14	15	16	17	18	19	20
21	22	23	24	25	26	27
28	29	30	31			

8

Sun	Mon	Tue	Wed	Thu	Fri	Sat
				1	2	3
4	5	6	7	8	9	10
11	12	13	14	15	16	17
18	19	20	21	22	23	24
25	26	27	28	29	30	31

9

Sun	Mon	Tue	Wed	Thu	Fri	Sat
1	2	3	4	5	6	7
8	9	10	11	12	13	14
15	16	17	18	19	20	21
22	23	24	25	26	27	28
29	30					

10

Sun	Mon	Tue	Wed	Thu	Fri	Sat
		1	2	3	4	5
6	7	8	9	10	11	12
13	14	15	16	17	18	19
20	21	22	23	24	25	26
27	28	29	30	31		

11

Sun	Mon	Tue	Wed	Thu	Fri	Sat
					1	2
3	4	5	6	7	8	9
10	11	12	13	14	15	16
17	18	19	20	21	22	23
24	25	26	27	28	29	30

12

Sun	Mon	Tue	Wed	Thu	Fri	Sat
1	2	3	4	5	6	7
8	9	10	11	12	13	14
15	16	17	18	19	20	21
22	23	24	25	26	27	28
29	30	31				

2003

1
Sun	Mon	Tue	Wed	Thu	Fri	Sat
			1	2	3	4
5	6	7	8	9	10	11
12	13	14	15	16	17	18
19	20	21	22	23	24	25
26	27	28	29	30	31	

2
Sun	Mon	Tue	Wed	Thu	Fri	Sat
						1
2	3	4	5	6	7	8
9	10	11	12	13	14	15
16	17	18	19	20	21	22
23	24	25	26	27	28	

3
Sun	Mon	Tue	Wed	Thu	Fri	Sat
						1
2	3	4	5	6	7	8
9	10	11	12	13	14	15
16	17	18	19	20	21	22
23	24	25	26	27	28	29
30	31					

4
Sun	Mon	Tue	Wed	Thu	Fri	Sat
		1	2	3	4	5
6	7	8	9	10	11	12
13	14	15	16	17	18	19
20	21	22	23	24	25	26
27	28	29	30			

5
Sun	Mon	Tue	Wed	Thu	Fri	Sat
				1	2	3
4	5	6	7	8	9	10
11	12	13	14	15	16	17
18	19	20	21	22	23	24
25	26	27	28	29	30	31

6
Sun	Mon	Tue	Wed	Thu	Fri	Sat
1	2	3	4	5	6	7
8	9	10	11	12	13	14
15	16	17	18	19	20	21
22	23	24	25	26	27	28
29	30					

7
Sun	Mon	Tue	Wed	Thu	Fri	Sat
		1	2	3	4	5
6	7	8	9	10	11	12
13	14	15	16	17	18	19
20	21	22	23	24	25	26
27	28	29	30	31		

8
Sun	Mon	Tue	Wed	Thu	Fri	Sat
					1	2
3	4	5	6	7	8	9
10	11	12	13	14	15	16
17	18	19	20	21	22	23
24	25	26	27	28	29	30
31						

9
Sun	Mon	Tue	Wed	Thu	Fri	Sat
	1	2	3	4	5	6
7	8	9	10	11	12	13
14	15	16	17	18	19	20
21	22	23	24	25	26	27
28	29	30				

10
Sun	Mon	Tue	Wed	Thu	Fri	Sat
			1	2	3	4
5	6	7	8	9	10	11
12	13	14	15	16	17	18
19	20	21	22	23	24	25
26	27	28	29	30	31	

11
Sun	Mon	Tue	Wed	Thu	Fri	Sat
						1
2	3	4	5	6	7	8
9	10	11	12	13	14	15
16	17	18	19	20	21	22
23	24	25	26	27	28	29
30						

12
Sun	Mon	Tue	Wed	Thu	Fri	Sat
	1	2	3	4	5	6
7	8	9	10	11	12	13
14	15	16	17	18	19	20
21	22	23	24	25	26	27
28	29	30	31			

2004

1
Sun	Mon	Tue	Wed	Thu	Fri	Sat
				1	2	3
4	5	6	7	8	9	10
11	12	13	14	15	16	17
18	19	20	21	22	23	24
25	26	27	28	29	30	31

2
Sun	Mon	Tue	Wed	Thu	Fri	Sat
1	2	3	4	5	6	7
8	9	10	11	12	13	14
15	16	17	18	19	20	21
22	23	24	25	26	27	28
29						

3
Sun	Mon	Tue	Wed	Thu	Fri	Sat
	1	2	3	4	5	6
7	8	9	10	11	12	13
14	15	16	17	18	19	20
21	22	23	24	25	26	27
28	29	30	31			

4
Sun	Mon	Tue	Wed	Thu	Fri	Sat
				1	2	3
4	5	6	7	8	9	10
11	12	13	14	15	16	17
18	19	20	21	22	23	24
25	26	27	28	29	30	

5
Sun	Mon	Tue	Wed	Thu	Fri	Sat
						1
2	3	4	5	6	7	8
9	10	11	12	13	14	15
16	17	18	19	20	21	22
23	24	25	26	27	28	29
30	31					

6
Sun	Mon	Tue	Wed	Thu	Fri	Sat
		1	2	3	4	5
6	7	8	9	10	11	12
13	14	15	16	17	18	19
20	21	22	23	24	25	26
27	28	29	30			

7
Sun	Mon	Tue	Wed	Thu	Fri	Sat
				1	2	3
4	5	6	7	8	9	10
11	12	13	14	15	16	17
18	19	20	21	22	23	24
25	26	27	28	29	30	31

8
Sun	Mon	Tue	Wed	Thu	Fri	Sat
1	2	3	4	5	6	7
8	9	10	11	12	13	14
15	16	17	18	19	20	21
22	23	24	25	26	27	28
29	30	31				

9
Sun	Mon	Tue	Wed	Thu	Fri	Sat
			1	2	3	4
5	6	7	8	9	10	11
12	13	14	15	16	17	18
19	20	21	22	23	24	25
26	27	28	29	30		

			10							11							12			
Sun	Mon	Tue	Wed	Thu	Fri	Sat	Sun	Mon	Tue	Wed	Thu	Fri	Sat	Sun	Mon	Tue	Wed	Thu	Fri	Sat
					1	2		1	2	3	4	5	6				1	2	3	4
3	4	5	6	7	8	9	7	8	9	10	11	12	13	5	6	7	8	9	10	11
10	11	12	13	14	15	16	14	15	16	17	18	19	20	12	13	14	15	16	17	18
17	18	19	20	21	22	23	21	22	23	24	25	26	27	19	20	21	22	23	24	25
24	25	26	27	28	29	30	28	29	30					26	27	28	29	30	31	
31																				

2005

			1							2							3			
Sun	Mon	Tue	Wed	Thu	Fri	Sat	Sun	Mon	Tue	Wed	Thu	Fri	Sat	Sun	Mon	Tue	Wed	Thu	Fri	Sat
						1			1	2	3	4	5			1	2	3	4	5
2	3	4	5	6	7	8	6	7	8	9	10	11	12	6	7	8	9	10	11	12
9	10	11	12	13	14	15	13	14	15	16	17	18	19	13	14	15	16	17	18	19
16	17	18	19	20	21	22	20	21	22	23	24	25	26	20	21	22	23	24	25	26
23	24	25	26	27	28	29	27	28						27	28	29	30	31		
30	31																			

			4							5							6			
Sun	Mon	Tue	Wed	Thu	Fri	Sat	Sun	Mon	Tue	Wed	Thu	Fri	Sat	Sun	Mon	Tue	Wed	Thu	Fri	Sat
					1	2	1	2	3	4	5	6	7				1	2	3	4
3	4	5	6	7	8	9	8	9	10	11	12	13	14	5	6	7	8	9	10	11
10	11	12	13	14	15	16	15	16	17	18	19	20	21	12	13	14	15	16	17	18
17	18	19	20	21	22	23	22	23	24	25	26	27	28	19	20	21	22	23	24	25
24	25	26	27	28	29	30	29	30	31					26	27	28	29	30		

			7							8							9			
Sun	Mon	Tue	Wed	Thu	Fri	Sat	Sun	Mon	Tue	Wed	Thu	Fri	Sat	Sun	Mon	Tue	Wed	Thu	Fri	Sat
					1	2		1	2	3	4	5	6					1	2	3
3	4	5	6	7	8	9	7	8	9	10	11	12	13	4	5	6	7	8	9	10
10	11	12	13	14	15	16	14	15	16	17	18	19	20	11	12	13	14	15	16	17
17	18	19	20	21	22	23	21	22	23	24	25	26	27	18	19	20	21	22	23	24
24	25	26	27	28	29	30	28	29	30	31				25	26	27	28	29	30	
31																				

			10							11							12			
Sun	Mon	Tue	Wed	Thu	Fri	Sat	Sun	Mon	Tue	Wed	Thu	Fri	Sat	Sun	Mon	Tue	Wed	Thu	Fri	Sat
						1			1	2	3	4	5					1	2	3
2	3	4	5	6	7	8	6	7	8	9	10	11	12	4	5	6	7	8	9	10
9	10	11	12	13	14	15	13	14	15	16	17	18	19	11	12	13	14	15	16	17
16	17	18	19	20	21	22	20	21	22	23	24	25	26	18	19	20	21	22	23	24
23	24	25	26	27	28	29	27	28	29	30				25	26	27	28	29	30	31
30	31																			

2006

			1							2							3			
Sun	Mon	Tue	Wed	Thu	Fri	Sat	Sun	Mon	Tue	Wed	Thu	Fri	Sat	Sun	Mon	Tue	Wed	Thu	Fri	Sat
1	2	3	4	5	6	7				1	2	3	4				1	2	3	4
8	9	10	11	12	13	14	5	6	7	8	9	10	11	5	6	7	8	9	10	11
15	16	17	18	19	20	21	12	13	14	15	16	17	18	12	13	14	15	16	17	18
22	23	24	25	26	27	28	19	20	21	22	23	24	25	19	20	21	22	23	24	25
29	30	31					26	27	28					26	27	28	29	30	31	

			4							5							6			
Sun	Mon	Tue	Wed	Thu	Fri	Sat	Sun	Mon	Tue	Wed	Thu	Fri	Sat	Sun	Mon	Tue	Wed	Thu	Fri	Sat
						1		1	2	3	4	5	6					1	2	3
2	3	4	5	6	7	8	7	8	9	10	11	12	13	4	5	6	7	8	9	10
9	10	11	12	13	14	15	14	15	16	17	18	19	20	11	12	13	14	15	16	17
16	17	18	19	20	21	22	21	22	23	24	25	26	27	18	19	20	21	22	23	24
23	24	25	26	27	28	29	28	29	30	31				25	26	27	28	29	30	
30																				

			7							8							9			
Sun	Mon	Tue	Wed	Thu	Fri	Sat	Sun	Mon	Tue	Wed	Thu	Fri	Sat	Sun	Mon	Tue	Wed	Thu	Fri	Sat
						1			1	2	3	4	5						1	2
2	3	4	5	6	7	8	6	7	8	9	10	11	12	3	4	5	6	7	8	9
9	10	11	12	13	14	15	13	14	15	16	17	18	19	10	11	12	13	14	15	16
16	17	18	19	20	21	22	20	21	22	23	24	25	26	17	18	19	20	21	22	23
23	24	25	26	27	28	29	27	28	29	30	31			24	25	26	27	28	29	30
30	31																			

			10							11							12			
Sun	Mon	Tue	Wed	Thu	Fri	Sat	Sun	Mon	Tue	Wed	Thu	Fri	Sat	Sun	Mon	Tue	Wed	Thu	Fri	Sat
1	2	3	4	5	6	7				1	2	3	4						1	2
8	9	10	11	12	13	14	5	6	7	8	9	10	11	3	4	5	6	7	8	9
15	16	17	18	19	20	21	12	13	14	15	16	17	18	10	11	12	13	14	15	16
22	23	24	25	26	27	28	19	20	21	22	23	24	25	17	18	19	20	21	22	23
29	30	31					26	27	28	29	30			24	25	26	27	28	29	30
														31						

2007

			1							2							3			
Sun	Mon	Tue	Wed	Thu	Fri	Sat	Sun	Mon	Tue	Wed	Thu	Fri	Sat	Sun	Mon	Tue	Wed	Thu	Fri	Sat
	1	2	3	4	5	6					1	2	3					1	2	3
7	8	9	10	11	12	13	4	5	6	7	8	9	10	4	5	6	7	8	9	10
14	15	16	17	18	19	20	11	12	13	14	15	16	17	11	12	13	14	15	16	17
21	22	23	24	25	26	27	18	19	20	21	22	23	24	18	19	20	21	22	23	24
28	29	30	31				25	26	27	28				25	26	27	28	29	30	31

			4							5							6			
Sun	Mon	Tue	Wed	Thu	Fri	Sat	Sun	Mon	Tue	Wed	Thu	Fri	Sat	Sun	Mon	Tue	Wed	Thu	Fri	Sat
1	2	3	4	5	6	7			1	2	3	4	5						1	2
8	9	10	11	12	13	14	6	7	8	9	10	11	12	3	4	5	6	7	8	9
15	16	17	18	19	20	21	13	14	15	16	17	18	19	10	11	12	13	14	15	16
22	23	24	25	26	27	28	20	21	22	23	24	25	26	17	18	19	20	21	22	23
29	30						27	28	29	30	31			24	25	26	27	28	29	30

			7							8							9			
Sun	Mon	Tue	Wed	Thu	Fri	Sat	Sun	Mon	Tue	Wed	Thu	Fri	Sat	Sun	Mon	Tue	Wed	Thu	Fri	Sat
1	2	3	4	5	6	7				1	2	3	4							1
8	9	10	11	12	13	14	5	6	7	8	9	10	11	2	3	4	5	6	7	8
15	16	17	18	19	20	21	12	13	14	15	16	17	18	9	10	11	12	13	14	15
22	23	24	25	26	27	28	19	20	21	22	23	24	25	16	17	18	19	20	21	22
29	30	31					26	27	28	29	30	31		23	24	25	26	27	28	29
														30						

			10							11							12			
Sun	Mon	Tue	Wed	Thu	Fri	Sat	Sun	Mon	Tue	Wed	Thu	Fri	Sat	Sun	Mon	Tue	Wed	Thu	Fri	Sat
	1	2	3	4	5	6					1	2	3							1
7	8	9	10	11	12	13	4	5	6	7	8	9	10	2	3	4	5	6	7	8
14	15	16	17	18	19	20	11	12	13	14	15	16	17	9	10	11	12	13	14	15
21	22	23	24	25	26	27	18	19	20	21	22	23	24	16	17	18	19	20	21	22
28	29	30	31				25	26	27	28	29	30		23	24	25	26	27	28	29
														30	31					

2008

1
Sun	Mon	Tue	Wed	Thu	Fri	Sat
		1	2	3	4	5
6	7	8	9	10	11	12
13	14	15	16	17	18	19
20	21	22	23	24	25	26
27	28	29	30	31		

2
Sun	Mon	Tue	Wed	Thu	Fri	Sat
					1	2
3	4	5	6	7	8	9
10	11	12	13	14	15	16
17	18	19	20	21	22	23
24	25	26	27	28	29	

3
Sun	Mon	Tue	Wed	Thu	Fri	Sat
						1
2	3	4	5	6	7	8
9	10	11	12	13	14	15
16	17	18	19	20	21	22
23	24	25	26	27	28	29
30	31					

4
Sun	Mon	Tue	Wed	Thu	Fri	Sat
		1	2	3	4	5
6	7	8	9	10	11	12
13	14	15	16	17	18	19
20	21	22	23	24	25	26
27	28	29	30			

5
Sun	Mon	Tue	Wed	Thu	Fri	Sat
				1	2	3
4	5	6	7	8	9	10
11	12	13	14	15	16	17
18	19	20	21	22	23	24
25	26	27	28	29	30	31

6
Sun	Mon	Tue	Wed	Thu	Fri	Sat
1	2	3	4	5	6	7
8	9	10	11	12	13	14
15	16	17	18	19	20	21
22	23	24	25	26	27	28
29	30					

7
Sun	Mon	Tue	Wed	Thu	Fri	Sat
		1	2	3	4	5
6	7	8	9	10	11	12
13	14	15	16	17	18	19
20	21	22	23	24	25	26
27	28	29	30	31		

8
Sun	Mon	Tue	Wed	Thu	Fri	Sat
					1	2
3	4	5	6	7	8	9
10	11	12	13	14	15	16
17	18	19	20	21	22	23
24	25	26	27	28	29	30
31						

9
Sun	Mon	Tue	Wed	Thu	Fri	Sat
	1	2	3	4	5	6
7	8	9	10	11	12	13
14	15	16	17	18	19	20
21	22	23	24	25	26	27
28	29	30				

10
Sun	Mon	Tue	Wed	Thu	Fri	Sat
			1	2	3	4
5	6	7	8	9	10	11
12	13	14	15	16	17	18
19	20	21	22	23	24	25
26	27	28	29	30	31	

11
Sun	Mon	Tue	Wed	Thu	Fri	Sat
						1
2	3	4	5	6	7	8
9	10	11	12	13	14	15
16	17	18	19	20	21	22
23	24	25	26	27	28	29
30						

12
Sun	Mon	Tue	Wed	Thu	Fri	Sat
	1	2	3	4	5	6
7	8	9	10	11	12	13
14	15	16	17	18	19	20
21	22	23	24	25	26	27
28	29	30	31			

2009

1
Sun	Mon	Tue	Wed	Thu	Fri	Sat
				1	2	3
4	5	6	7	8	9	10
11	12	13	14	15	16	17
18	19	20	21	22	23	24
25	26	27	28	29	30	31

2
Sun	Mon	Tue	Wed	Thu	Fri	Sat
1	2	3	4	5	6	7
8	9	10	11	12	13	14
15	16	17	18	19	20	21
22	23	24	25	26	27	28

3
Sun	Mon	Tue	Wed	Thu	Fri	Sat
1	2	3	4	5	6	7
8	9	10	11	12	13	14
15	16	17	18	19	20	21
22	23	24	25	26	27	28
29	30	31				

4
Sun	Mon	Tue	Wed	Thu	Fri	Sat
			1	2	3	4
5	6	7	8	9	10	11
12	13	14	15	16	17	18
19	20	21	22	23	24	25
26	27	28	29	30		

5
Sun	Mon	Tue	Wed	Thu	Fri	Sat
					1	2
3	4	5	6	7	8	9
10	11	12	13	14	15	16
17	18	19	20	21	22	23
24	25	26	27	28	29	30
31						

6
Sun	Mon	Tue	Wed	Thu	Fri	Sat
	1	2	3	4	5	6
7	8	9	10	11	12	13
14	15	16	17	18	19	20
21	22	23	24	25	26	27
28	29	30				

7

Sun	Mon	Tue	Wed	Thu	Fri	Sat
			1	2	3	4
5	6	7	8	9	10	11
12	13	14	15	16	17	18
19	20	21	22	23	24	25
26	27	28	29	30	31	

8

Sun	Mon	Tue	Wed	Thu	Fri	Sat
						1
2	3	4	5	6	7	8
9	10	11	12	13	14	15
16	17	18	19	20	21	22
23	24	25	26	27	28	29
30	31					

9

Sun	Mon	Tue	Wed	Thu	Fri	Sat
		1	2	3	4	5
6	7	8	9	10	11	12
13	14	15	16	17	18	19
20	21	22	23	24	25	26
27	28	29	30			

10

Sun	Mon	Tue	Wed	Thu	Fri	Sat
				1	2	3
4	5	6	7	8	9	10
11	12	13	14	15	16	17
18	19	20	21	22	23	24
25	26	27	28	29	30	31

11

Sun	Mon	Tue	Wed	Thu	Fri	Sat
1	2	3	4	5	6	7
8	9	10	11	12	13	14
15	16	17	18	19	20	21
22	23	24	25	26	27	28
29	30					

12

Sun	Mon	Tue	Wed	Thu	Fri	Sat
		1	2	3	4	5
6	7	8	9	10	11	12
13	14	15	16	17	18	19
20	21	22	23	24	25	26
27	28	29	30	31		

2010

1

Sun	Mon	Tue	Wed	Thu	Fri	Sat
					1	2
3	4	5	6	7	8	9
10	11	12	13	14	15	16
17	18	19	20	21	22	23
24	25	26	27	28	29	30
31						

2

Sun	Mon	Tue	Wed	Thu	Fri	Sat
	1	2	3	4	5	6
7	8	9	10	11	12	13
14	15	16	17	18	19	20
21	22	23	24	25	26	27
28						

3

Sun	Mon	Tue	Wed	Thu	Fri	Sat
	1	2	3	4	5	6
7	8	9	10	11	12	13
14	15	16	17	18	19	20
21	22	23	24	25	26	27
28	29	30	31			

4

Sun	Mon	Tue	Wed	Thu	Fri	Sat
				1	2	3
4	5	6	7	8	9	10
11	12	13	14	15	16	17
18	19	20	21	22	23	24
25	26	27	28	29	30	

5

Sun	Mon	Tue	Wed	Thu	Fri	Sat
						1
2	3	4	5	6	7	8
9	10	11	12	13	14	15
16	17	18	19	20	21	22
23	24	25	26	27	28	29
30	31					

6

Sun	Mon	Tue	Wed	Thu	Fri	Sat
		1	2	3	4	5
6	7	8	9	10	11	12
13	14	15	16	17	18	19
20	21	22	23	24	25	26
27	28	29	30			

7

Sun	Mon	Tue	Wed	Thu	Fri	Sat
				1	2	3
4	5	6	7	8	9	10
11	12	13	14	15	16	17
18	19	20	21	22	23	24
25	26	27	28	29	30	31

8

Sun	Mon	Tue	Wed	Thu	Fri	Sat
1	2	3	4	5	6	7
8	9	10	11	12	13	14
15	16	17	18	19	20	21
22	23	24	25	26	27	28
29	30	31				

9

Sun	Mon	Tue	Wed	Thu	Fri	Sat
			1	2	3	4
5	6	7	8	9	10	11
12	13	14	15	16	17	18
19	20	21	22	23	24	25
26	27	28	29	30		

10

Sun	Mon	Tue	Wed	Thu	Fri	Sat
					1	2
3	4	5	6	7	8	9
10	11	12	13	14	15	16
17	18	19	20	21	22	23
24	25	26	27	28	29	30
31						

11

Sun	Mon	Tue	Wed	Thu	Fri	Sat
	1	2	3	4	5	6
7	8	9	10	11	12	13
14	15	16	17	18	19	20
21	22	23	24	25	26	27
28	29	30				

12

Sun	Mon	Tue	Wed	Thu	Fri	Sat
			1	2	3	4
5	6	7	8	9	10	11
12	13	14	15	16	17	18
19	20	21	22	23	24	25
26	27	28	29	30	31	

付録 B

CD-ROM の使い方

CD-ROM の内容

CD-ROM には，「*Mathematica* ノートブック」「*MathReader*」の二つのフォルダと「CD-ROM の使い方」というファイルが収録されています．

利用しているコンピュータに *Mathematica* がインストールされていない場合は，*MathReader* をインストールすることで，本書に収録された *Mathematica* のノートブックファイルを開くことができます．ただし，表示された内容を書き換えたり，*Mathematica* のコマンドを新たに実行して計算することはできません．

コンピュータにすでに *Mathematica* がインストールされているのであれば，*MathReader* をインストールする必要はありません．そのまま *Mathematica* 上でファイルを開くことができます．

ノートブックのファイル

CD-ROM の中の「*Mathematica* ノートブック」というフォルダの中には，本書の内容のノートブックファイルが収められています．フォルダには，各章の内容に対応した「c1.nb」～「c6.nb」の六つのファイルと，練習問題の解答を収録した「answer.nb」というファイル，合計七つのファイルが収録されています．

Mathematica がインストールされているのであらば，目的のノートブックファイルをダブルクリックすることでファイルを開くことができます．*MathReader* で開く場合には，まず *MathReader* をインストールする必要があります．

MathReader のインストール

(1) Windows

インストールにはディスク空き容量として 10MB 程度が必要です．ノートブックファイルの表示に必要な 20 フォント（Math1 ～ Math5MonoBold）がインストールされます．

① CD-ROM の [MathReader] → [Reader3.0] のフォルダを開き，フォルダの中の Setup.exe のアイコンをダブルクリックして，インストーラを起動する．
② インストール終了後，システムを再起動する．

(2) Macintosh

MathReader3.0 は漢字 talk7.5 以上の OS に対応しています．また，インストールにはディスク空き容量として 17MB 程度が必要となります．

① CD-ROM の [MathReader] → [Reader3.0] のフォルダを開く．
   PowerPC のマシンは   "MathReader.PPC.1"
   68k 系マシンは   "MathReader.68k.1"
のアイコンをダブルクリックし，インストーラを起動してインストールする．

② インストール終了後，下記のフォルダを開いて "MathFonts" と "Math1" 〜 "Math5MonBol" までの 21 フォントを，[システムフォルダ] の中の [Font] フォルダにコピーしてください．

  [MathReader] → [SystemFiles] → [Fonts] → [Macintosh] → [Macintosh] フォントスーツケースの "MathFonts"

  [MathReader] → [SystemFiles] → [Fonts] → [Macintosh] → [Type1]PostScript フォントの "Math1" 〜 "Math5MonBol" までの 20 ファイル．

③ 上記の 21 フォントをコピーした後，システムを再起動する．

問題の解答

問 1.1.1

   (1) In[1]:= (2 + 10)/3 - 10
      Out[1]= -6

   (2) In[2]:= 2^5
      Out[2]= 32

   (3) In[3]:= 256^(1/8)
      Out[3]= 2

問 1.1.2

   (1) In[1]:= N[E, 10]
      Out[1]= 2.71828

   (2) In[2]:= (3 + 4 I)^6
      Out[2]= 11753 - 10296 I

   (3) In[3]:= 1/(Sqrt[2] (1 - I)^4)
      Out[3]= $\dfrac{-1}{4\sqrt{2}}$

   (4) In[4]:= Sin[Pi/3]
      Out[4]= $\dfrac{\sqrt{3}}{2}$

   (5) In[5]:= [Esc]ee[Esc]^([Esc]pi[Esc][Esc]ii[Esc])　と入力
      Out[5]= -1

問 1.2.1

(1) In[1]:= D[x^2 Sin[x], x]
Out[1]= x^2 Cos[x] + 2 x Sin[x]

(2) In[2]:= Limit[n/(n+1), n -> ∞]
Out[2]= 1

(3) In[3]:= Integrate[x Log[x], x]
Out[3]= $\dfrac{-x^2}{4} + \dfrac{x^2 \text{Log}[x]}{2}$

(4) In[4]:= Integrate[Cos[x], {x, 0, Pi/2}]
Out[4]= 1

問 1.2.2

(1) In[1]:= Expand[(x + y - 1)^2]
Out[1]= 1 - 2 x + x^2 - 2 y + 2 x y + y^2

(2) In[2]:= Together[1/(x(x - 1)) + 1/((x - 1)(x - 2))]
Out[2]= $\dfrac{2}{(-2 + x)\,x}$

(3) In[3]:= Solve[x^2 - 5x + 6 == 0, x]
Out[3]= {{x -> 2}, {x -> 3}}

(4) In[4]:= FindRoot[{Exp[x] == x^2}, {x, -0.5}]
Out[4]= {x -> -0.703467}

問 1.5.1

(1) パッケージをロードします．
In[1]:= Needs["Statistics`DiscreteDistributions`"]

$\lambda = 3$ のポアソン分布 pdist を定義します．
In[2]:= pdist = PoissonDistribution[3]
Out[2]= PoissonDistribution[3]

期待値，分散，確率密度関数，累積分布関数は，それぞれ次のようにして求められます．

```
In[3]:=  Mean[pdist]
Out[3]=  3
In[4]:=  Variance[pdist]
Out[4]=  3
In[5]:=  PDF[ pdist, x ]
Out[5]=  3^x / (e^3 x!)
In[6]:=  CDF[ pdist, x ]
Out[6]=  GammaRegularized[1 + Floor[x], 3]
```

(2) 一日あたりの事故発生確率は $p = 6/730$．一年間を $n = 365$ 日としているので，事故発生件数は $\lambda = np = 3$ のポアソン分布に従うと考えられます．

したがって，解は $1 - \Pr(x \leq 5) = 1 - \sum_{i=0}^{5} \Pr(x = i)$ で求められます．

```
In[7]:=  1 - Sum[ PDF[ pdist, x ],{x,0,5} ] // N
Out[7]=  0.0839179
```

(3)
```
In[8]:=  1 - CDF[ pdist, 5 ] // N
Out[8]=  0.0839179
```

問 1.5.2

(1)
```
In[1]:=  Needs["Statistics`DiscreteDistributions`"]
In[2]:=  gdist = HypergeometricDistribution[5, 7, 11]
Out[2]=  HypergeometricDistribution[5, 7, 11]
```

(2)
```
In[3]:=  PDF[ gdist, 3 ]
Out[3]=  5/11
```

(3)
```
In[4]:=  gdist2 = HypergeometricDistribution[ n, d, m ]
Out[4]=  HypergeometricDistribution[n, d, m]

In[5]:=  Mean[ gdist2 ]
Out[5]=  d n / m
```

```
In[6]:= Variance[ gdist2 ] // Simplify
```
$$\text{Out[6]} = -\frac{d\,(d - m)\,(m - n)\,n}{(-1 + m)\,m^2}$$

問 1.5.3

(1)
```
In[1]:= Needs["Statistics`ContinuousDistributions`"]
In[2]:= ndist = NormalDistribution[ μ , σ ];
In[3]:= CDF[ndist, μ + σ ] - CDF[ndist, μ - σ ] // N
Out[3]= 0.682689
```

(2)
```
In[4]:= udist = UniformDistribution[ α , β ];
In[5]:= Mean[udist]
```
$$\text{Out[5]} = \frac{\alpha + \beta}{2}$$

```
In[6]:= Variance[udist]
```
$$\text{Out[6]} = \frac{(-\alpha + \beta)^2}{12}$$

問 2.4.1

(1)
```
In[1]:= FindRoot[
           Compounding[100, 2.5/100, 1, 2] ==
              Compounding[100, r, 4, 2],
           {r, 1}
        ]
Out[1]= {r -> 0.024769}
```

(2)
```
In[2]:= FindRoot[
           Compounding[100, 2.5/100, 1, 2] ==
              Limit[ Compounding[100, r, n, 2], n-> ∞ ],
           {r, 1}
        ]
Out[2]= {r -> 0.0246926}
```

問 2.5.1

(1)
```
In[1]:= 1/Compounding[1, 3.5/100, 1, 1]
           あるいは   1/(1+3.5/100)
Out[1]= 0.966184
```

(2) In[2]:= 1/Compounding[1, 3.5/100, 2, 1]
             あるいは 1/(1+3.5/100*1/2)^2
    Out[2]= 0.965898

(3) In[3]:= 1/Compounding[1, 3.5/100, 1, 2]
             あるいは   1/(1+3.5/100)^2
    Out[3]= 0.933511

(4) In[4]:= 1/Compounding[1, 3.5/100, 2, 2]
             あるいは 1/(1+3.5/100*1/2)^4
    Out[4]= 0.932959

(5) In[5]:= 1/Compounding[1, 3.5/100, 4, 3/12]
             あるいは 1/(1+3.5/100*1/4)
    Out[5]= 0.991326

(6) In[6]:= 1/Limit[Compounding[1, 3.5/100, n, 1],n->∞]
             あるいは Exp[-3.5/100]
    Out[6]= 0.965605

問 2.6.1

In[1]:= eqn = 92 == 3/(1 + r) + 103/(1 + r)^2
Out[1]= $92 == \frac{103}{(1+r)^2} + \frac{3}{1+r}$
In[2]:= FindRoot[eqn, {r, 1}]
Out[2]= {r -> 0.074525}   したがって, 7.4525%.

問 3.1.1

(1) 0.12500%

(2) In[2]:= 1000000 * 6.35250/100 * 182/360
    Out[2]= 32115.4

(3) In[3]:= 100000000 * 0.12375/100 * 90/360
    Out[3]= 30937.5

問 3.1.2   (1) と (3) が金利スワップ取引. (2) と (4) が通貨スワップ取引.

問題の解答 | 135

問 3.1.3

(1) ① 2　② 0.47　③ ペイ（固定金利を払う取引を）

(2) In[1]:=　10*(0.145/100)*(182/360) - 10*(0.47/100)*(182/365)
　　Out[1]=　-0.0161051　　したがって，払超．

(3) In[2]:=　Solve[10*s*(182/360) == 10*(0.47/100)*(182/365), s]
　　Out[2]=　{{s -> 0.00463562}}　　したがって 0.464%

問 3.2.1

(1) In[1]:=　a[m_] := t[m + 1/2] - t[m]
　　In[2]:=　Table[a[m], {m, 1, 2, 1/2}]
　　Out[2]=　{181, 183, 181}

(2) In[3]:=　{f[1], f[3/2], f[2]} = Table[fwdrate[[1]], {m, 1, 2, 1/2}]
　　Out[3]=　{0.00591852, 0.0081459, 0.0110841}

(3) In[4]:=　((1 + f[1] * a[1]/360)(1 + f[3/2] * a[3/2]/360) - 1)
　　　　　　　　　　　　　　　　　　　　　　　/((a[1] + a[3/2])/360)
　　Out[4]=　0.00705052
　　あるいは
　　In[5]:=　(d[1]/d[2] - 1)/((a[1] + a[3/2])/360)
　　Out[5]=　0.00705052

問 3.3.1

(1) In[1]:=　n[k_] := 1
　　In[2]:=　fixedPV = Sum[n[k] * s * (a[k]/365) *
　　　　　　　　　　　　　　　　　d[k + 1/2], {k, 0, 1, 1/2}]
　　Out[2]=　1.49721 s
　　In[3]:=　floatPV = Sum[n[k] * f[k] * (a[k]/360) *
　　　　　　　　　　　　　　　　　d[k + 1/2], {k, 0, 1, 1/2}]
　　Out[3]=　0.005276
　　In[4]:=　Solve[fixedPV == floatPV]
　　Out[4]=　{{s -> 0.00352388}}

(2) In[5]:=　fixedPV = Sum[n[k] * s * (a[k]/365) *
　　　　　　　　　　　　　　　　　d[k + 1/2], {k, 0, 2, 1/2}]

```
Out[5]=  2.4824 s
In[6]:=  floatPV = Sum[ n[k] * f[k] * (a[k]/360) *
                        d[k + 1/2], {k, 0, 2, 1/2}]
Out[6]=  0.014868
In[7]:=  Solve[ fixedPV == floatPV ]
Out[7]=  {{s -> 0.00598937}}
```

(3)
```
In[8]:=  fixedPV = Sum[ n[k] * s * (a[k]/365) *
                        d[k + 1/2], {k, 0, 5/2, 1/2}]
Out[8]=  2.9754 s
In[9]:=  floatPV = Sum[ n[k] * f[k] * (a[k]/360) *
                        d[k + 1/2], {k, 0, 5/2, 1/2}]
Out[9]=  0.022025
In[10]:= Solve[ fixedPV == floatPV ]
Out[10]= {{s -> 0.00740236}}
```

問 3.3.2

```
In[1]:=  n[k_] := 100 - 25 k
In[2]:=  fixedPV = Sum[ n[k] * s * (a[k]/365) *
                        d[k + 1/2], {k, 0, 3/2, 1/2}]
Out[2]=  162.11 s
In[3]:=  floatPV = Sum[ n[k] * f[k] * (a[k]/360) *
                        d[k + 1/2], {k, 0, 3/2, 1/2}]
Out[3]=  0.690262
In[4]:=  Solve[ fixedPV == floatPV ]
Out[4]=  {{s -> 0.00425799}}
```

問 4.2.1

```
In[1]:=  additionalDFgrid =
         {{2006, 8, 27}, {2007, 2, 26}, {2007, 8, 26}, {2008, 2, 25},
          {2008, 8, 25}, {2009, 2, 25}, {2009, 8, 25}, {2010, 2, 25},
          {2010, 8, 25}, {2011, 2, 25}, {2011, 8, 25}, {2012, 2, 27},
          {2012, 8, 27}, {2013, 2, 27}, {2013, 8, 27}, {2014, 2, 27},
          {2014, 8, 27}, {2015, 2, 25}};

In[2]:=  {t[13/2], t[7], t[15/2], t[8], t[17/2], t[9],
          t[19/2], t[10], t[21/2], t[11], t[23/2], t[12],
```

```
            t[25/2], t[13], t[27/2], t[14], t[29/2], t[15]} =
            Map[ DaysBetween[#, asofdate] &, additionalDFgrid]
Out[2]= {2377, 2560, 2741, 2924, 3106, 3290, 3471,
         3655, 3836, 4020, 4201, 4387, 4569, 4753,
         4934, 5118, 5299, 5481}

In[3]:= {s[13/2], s[7], s[15/2], s[8], s[17/2],
         s[9], s[19/2], s[10], s[21/2], s[11],
         s[23/2], s[12], s[25/2], s[13], s[27/2],
         s[14], s[29/2], s[15]} =
        {1.659, 1.76, 1.835, 1.91, 1.975, 2.04,
         2.09, 2.14, 2.182, 2.225, 2.267, 2.31,
         2.335, 2.36, 2.385, 2.41, 2.435, 2.46}/100;

In[4]:= Table[d[i], {i, 13/2, 15, 1/2}]
Out[4]= {0.896309, 0.882211, 0.869282, 0.855744,
         0.842538, 0.828832, 0.816178, 0.803116,
         0.790697, 0.777847, 0.765053, 0.751748,
         0.74044, 0.728988, 0.71763, 0.706092,
         0.694655, 0.683141}
```

問 4.3.1

```
    In[1]:= df = Interpolation[Table[{t[i], d[i]}, {i, 0, 15, 1/2}]]
    Out[1]= InterpolatingFunction[{{2., 5481.}}, "<>"]
```

(1)
```
    In[2]:= {df[100], zerorate[100], fwdrate[100]}
    Out[2]= {0.999689, 0.000955531, 0.00222377}
```

(2)
```
    In[3]:= {df[3000], zerorate[3000], fwdrate[3000]}
    Out[3]= {0.850233, 0.0194698, 0.0316368}
```

(3)
```
    In[4]:= 100*df[2500]
    Out[4]= 88.6811
```

問 5.1.1

	コール	プット
(1)	0	40
(2)	0	20
(3)	20	0
(4)	100	0

問 5.2.1

$$\exp(-rT) \cdot E[C_T] = \exp(-0.03 \times 1/4) \cdot (1000 \times 0.5 + 0 \times 0.5) = 496.264 \text{ 円}$$

問 5.2.2

```
In[1]:=  sol = Solve[{20000*a0 + 1.00753*b0 == 0,
                     18000*a0 + 1.00753*b0 == 1000},
                    {a0, b0}]
Out[1]=  {{a0 -> -0.5, b0 -> 9925.26}}

In[2]:=  a0*19000 + b0 /. sol
Out[2]=  {425.263}
```

問 5.2.3

```
In[1]:=  p*su + (1 - p)*sd // Simplify
Out[1]=  e^{rT} s0
```

問 5.2.4

```
In[1]:=  Exp[- r T] (p * 0 + (1 - p)*1000) /. data
Out[1]=  425.281
```

問 5.3.1

```
In[1]:=  CRR["put", 19000, 19000, 1/2, 0.03, 0.1, 2]
Out[1]=  340.533
```

問 5.3.2

```
In[1]:=  CRRBinomialTree["call", 19000, 19000, 1/2, 0.03, 0.1, 6]
Out[1]=  {{663.153}, {315.441, 967.093}, {92.3714, 509.915, 1367.16},
         {0, 172.723, 804.037, 1860.77}, {0, 0, 322.971, 1224.01,
          2420.38}, {0, 0, 0, 603.917, 1766.24, 2997.65},
         {0, 0, 0, 0, 1129.25, 2325.62, 3593.09}}
```

```
In[2]:=  CRR["call", 19000, 19000, 1/2, 0.03, 0.1, 6]
Out[2]=  663.153
```

問 5.3.3

(1)
```
In[1]:=  CRR["call", 19000, 22000, 1/2, 0.03, 0.1, 6]
Out[1]=  13.8753
```

(2)
```
In[2]:=  CRR["call", 19000, 22000, 1/2, 0.03, 0.15, 6]
Out[2]=  113.275
```

(3) E

問 5.3.4

ボラティリティが上昇すると，満期に受け取るペイオフがより大きくなる可能性が上がるため，プレミアムも上昇する．

問 5.3.5

本源的価値
```
In[1]:=  Max[20000 - 19000, 0]
Out[1]=  1000
```

時間的価値
```
In[2]:=  CRR["call", 20000, 19000, 2, 0.03, 0.1, 20] - 1000
Out[2]=  1436.94
```

問 5.3.6

本源的価値
```
In[1]:=  Max[18000 - 19000, 0]
Out[1]=  0
```
時間的価値
```
In[2]:=  CRR["call", 18000, 19000, 2, 0.03, 0.1, 20] - 0
Out[2]=  1061.33
```

問 6.2.1

$\quad$ In[1]:= ItoRule[Log[x]]

$\quad$ Out[1]= $\dfrac{\text{Dt}[x]}{x} - \dfrac{\text{Dt}[x]^2}{2\,x^2}$

問 6.2.2

$\quad$ In[1]:= ItoRule[Log[x], t, {Dt[x] -> x*μ*Dt[t] + x*σ*Dt[w]}, {w}]

$\quad$ Out[1]= μ Dt[t] $- \dfrac{1}{2} \sigma^2$ Dt[t] $+ \sigma$ Dt[w]

問 6.3.1

$P_0 = e^{-rT} K\{1 - N(d_2)\} - S_0\{1 - N(d_1)\}$ より明らか.

問 6.3.2

$\quad$ In[1]:= BSPut[19000, 19000, 1/2, 0.03, 0.1]

$\quad$ Out[1]= 402.36

問 6.5.1

ストライク K のデジタル (cash-or-nothing) プットオプション K 単位のロングと,
ストライク K の asset-or-nothing プットオプション 1 単位のショート.

参考文献

[1] *Mathematica* and Mathematical Finance, William Shaw, 野村インターナショナル・ロンドン, *Mathematica* Thechnical White Paper.

[2] Modelling Financial Derivatives with *Mathematica*, William Shaw, 野村インターナショナル・ロンドン.

[3] ファイナンス工学入門 第I部 ランダムウォークとブラウン運動, 木島正明, 日科技連.

[4] ファイナンス工学入門 第II部 派生証券の価格付け理論, 木島正明, 日科技連.

[5] ファイナンス工学入門 第III部 数値計算法, 木島正明, 長山いづみ, 近江義行, 日科技連.

[6] ファイナンスのための確率過程, 森村英典, 木島正明, 日科技連.

[7] Options, Futures and Other Derivatives 3rd Edition (1997), John C. Hull, Prentice Hall.

[8] Prices in Financial Markets, Micheal U. Dothan (1990), Oxford University Press.

[9] The Complete Guide to Option Pricing Formulas (1998), Espen Gaarder Haug, McGraw-Hill.

[10] Modelling and Hedging Equity Derivatives (1999), Oliver Brockhaus et. al., RISK BOOKS.

[11] Martingale Methods in Financial Modelling (1998), Marek Musiela and Marek Rutkowski, Springer.

[12] スワップ取引のすべて (1995), 日本長期信用銀行金融商品開発部, 金融財政事情研究会（きんざい）.

[13] スワップ取引の実際 (1997), 尾澤浩之, 日本経済新聞.

[14] スワップ取引再入門 (1994), 大畑忠, 銀行研修社.

[15] スワップ・債券先物・通貨オプション取引 (1987), 野間清治・春木俊雄・日出間範之, 銀行研修社.

[16] 新型債券 (1988), 生田卓史・片山勝伸（東海銀行国際本部）, 近代セールス社.

[17] 金利相場がわかる本 (1994), 富士銀行資金証券営業部債券営業室編.

[18] ルベーグ積分入門 (1991), 伊藤清三, 裳華房.

[19] Stochastic Integration and Differential Equations : A New Approach (1995), Philip Protter, Springer.

関連ホームページ

[1] ウルフラム・リサーチ　　　http://www.wolfram.com/

[2] 東京電機大学出版局　　　　http://www.dendai.ac.jp/press/

[3] メイタン・トラディション　http://www.tradition-net.co.jp/market/i_tibj.htm

　　　　　　　　　　　　　　http://www.tradition-net.co.jp/market/i_intj.htm

[4] 東京マーケットサマリ　　　http://www.asahi.com/market/market_tyo.html#top

索引

英数字

/ 3
== 10
{ , } 12
- 3
+ 3
^ 3
/. 10
* 3
(,) 3
AssetOrNothingCall 114
AssetOrNothingPut 114
BernoulliDistribution 16
BinomialDistribution 16
BSCall 106, 108
BSPut 106, 108
ChiSquareDistribution 20
Clear 13
Collect 10
Compounding 29
CRR 86, 92
CRRBinomial 86, 92
D 8
DigitalCall 112
DigitalPut 112
DiscreteUniformDistribution 16
Drop 12
E 5
Exp 5
Expand 10
ExponentialDistribution 20
Factor 10
FindRoot 10
FRatioDistribution 20
GeometricDistribution 16
HypergeometricDistribution 16
I 5
Infinity 5
Integrate 8
Interpolation 68
ItoRule 101
Limit 8
Log 5
LogNormalDistribution 20
LogSeriesDistribution 16
Module 14
N 3
Needs 15
NegativeBinomialDistribution 16
NIntegrate 8
NormalDistribution 20
NSolve 10
Out 3
Part 12
Pi 5
Plot 6
PoissonDistribution 16
Reduce 10
Simplify 8
Sin 5
Solve 10
Sqrt 5, 7
Statistics `ContinuousDistributions` 15
Statistics `DataManipulation` 15
Statistics `DiscreteDistributions` 15
Statistics `MultiDiscreteDistributions` 15
Statistics `MultiNormalDistribution` 15
StudentTDistribution 20
Sum 8
Table 12
Take 12
Together 10
UniformDistribution 20

asset-or-nothing 113
cash-or-nothing 111
CD レート 38
Cox-Ross-Rubinstein モデル 83
discount factor, DF 34
Functional Programming 13
IRR 36
LIBOR 38, 57

M.A. 31
Notional Amount 43
P.A. 31
Procedual Programming 13
PV 33
Q.A. 31
Rule Based Programming 13
S.A. 31
TIBOR 38
W.A. 31

あ

アービトラージ 79
アメリカン 72
アモチ付きスワップ 54

一様分布 20
伊藤の公式 101
イールドカーブ 55
因数分解 10

F 比分布 20

オプションセラー 72
オプション取引 37
オプションホルダー 72

か

外貨預金 115
χ^2 分布 20
カウンターパーティー 43
確率 15
確率密度関数 15
カーネル 2
ガーマン 107
ガーマンコールハーゲンモデル 107
空売り 72
関数型プログラミング 13
簡単化 8

幾何分布 16
期間構造 36
期待値 15
逆イールド 36
キャリーコスト項 92, 108
極限 8
ギルサノフの定理 102
近似解 10
金利スワップ 42

現在価値 33

権利行使 72
権利売却者 72
権利保有者 72

行使価格 72
固定化 40
固定金利 38
コールオプション 72
コールハーゲン 107

さ

裁定機会 79
先物取引 37
先渡取引 37

時間的価値 89
指数分布 20
順イールド 36
将来価値 33
ショールズ 71

数式処理 7
ストライク価格 72
スワップ取引 37
スワップレート 43, 58

正規分布 20
積分 8
ゼロカーブ 34, 69
ゼロコスト 119
ゼロレート 34

想定元本 43
総和 8

た

対数級数分布 16
対数正規分布 20
多変数正規分布パッケージ 15
多変数離散分布パッケージ 15
短期プライムレート 38
単利 26

超幾何分布 16

通貨オプション 91, 107
通貨スワップ 42
強気 77

定義域 15
定常増分 98

ディスカウントファクター　34
定積分　8
t 分布　20
デジタルオプション　111
手続き型プログラミング　13
デリバティブ取引　23
展開　10

統計　15
尖り　15
特性関数　15
独立増分　98
トムネク　57

な

内部収益率　36

二項分布　16

ノートブック　2

は

バシュリエ　71
バミューダン　72
パレット　2, 7

歪み　15
微積分　8
微分　8
標準偏差　15

フォワード　37
フォワードカーブ　69
フォワードレート　48
複製　78
複利　27
プットオプション　72
プットコールパリティ　75, 105
負の二項分布　16
フューチャー　37
プライシング（スワップの）　52
ブラック　71
ブラックショールズ式　105
ブル　77
ブレークイーブン　52
プレミアム　72
プレーンバニラ　43, 104
プログラミング　13
分散　15

ベア　76

ペイ　43
平均　15
ベルヌーイ分布　16
変動金利　38

ポアソン分布　16
方程式を解く　10
ボラティリティ　84
本源的価値　89
ボンドベーシス　38

ま

摩擦のない市場　72
マートン　71
マネーベーシス　38

無担保コール O/N　55

メニューバー　2

モディファイド・フォローイング　59

ユーロ　38

ヨーロピアン　72

弱気　76

ら

乱数　15
乱数列　15

離散一様分布　16
離散分布　16
離散分布パッケージ　15
リスク中立確率　81
リスト　12
利付債　34

累積分布関数　15

ルール型プログラミング　13

レシーブ　43
レプリケート　78
連続複利　30
連続分布　20
連続分布パッケージ　15

わ

割引係数　34
割引債　34
割引率　34

<著者紹介>

椎原 浩輔
しい はら こう すけ

学 歴　筑波大学大学院博士課程数学研究科修了(1998年)
　　　　博士(数学)
職 歴　さくら銀行

Mathematica による金融工学

2000年9月30日　第1版1刷発行	著　者　椎原浩輔

　　　　　　　　　　　　　　　発行者　学校法人　東京電機大学
　　　　　　　　　　　　　　　代表者　丸山孝一郎
　　　　　　　　　　　　　　　発行所　東京電機大学出版局
　　　　　　　　　　　　　　　〒101-8457
　　　　　　　　　　　　　　　東京都千代田区神田錦町2-2
　　　　　　　　　　　　　　　振替口座　00160-5- 71715
　　　　　　　　　　　　　　　電話　　(03)5280-3433(営業)
　　　　　　　　　　　　　　　　　　　(03)5280-3422(編集)

印刷　東京書籍印刷㈱　　　　　Ⓒ Shiihara Kousuke　2000
製本　㈱徳住製本所
装丁　高橋壮一　　　　　　　　Printed in Japan

＊無断で転載することを禁じます。
＊落丁・乱丁本はお取替えいたします。
ISBN4-501-61810-8　C3033

Ⓡ ＜日本複写権センター委託出版物＞